JN076957

第二次世界大戦の真実

日本は二次大戦に勝利していた!?

笹原 俊

陸軍は対米開戦前から、本土決戦になること、アメリカに本土を占領されてしまうかもしれないことを計算に入れて動いていた⁉

アメリカが日本本土に上陸し、本土決戦になったとしても、

日本はそう簡単には降伏しないだろう。

首都機能を地下（長野県松代）に移し、空襲を防ぎつつ、ゲリラ戦に持ち込めば、少なくとも1年、うまくいけば2～3年は持ちこたえることができるだろう。

その間に、各地の残置諜者が独立運動を行い、各植民地が、残存部隊と現地の住民で宗主国に対して独立戦争を仕掛けるだろう。

うまくいけば各国は独立し、植民地の解放が達成される。

うまくいかなくても、アメリカは各国の独立運動の鎮圧のために、日本にいる軍を動かさなくてはならないだろう。

その時、本土に残った総軍と、地下の親衛軍で攻撃を仕掛ければ、勝機はある。

うまくいけば、すべての植民地を独立させたうえで、本土も奪還できるはずだ。

これは建武の新政の時の楠木正成（くすのきまさしげ）をモデルにした作戦と言えます。

しかしそれが実現して困る勢力が存在します。海軍とその背後にいる日本ＤＳです。

海軍の背後にいる日本ＤＳは、明治維新以降の日本国内の支配力及び利権をすべて失うことになってしまうでしょう。

陸軍が遂行した「大東亜戦争」の目的は、植民地の解放。

海軍が遂行した「太平洋戦争」の目的は、対米勝利。

日本はアメリカに無条件降伏したが、その後アジア・アフリカ各地で独立戦争が発生し、植民地は次々と独立、20世紀の終わりの時点で、本来の日本の戦争目的である植民地の解放は、完全に達成された。

日本本国が対米降伏し、太平洋戦争が終わった後も、陸軍はアジア各地に配置した残留部隊、残置諜者たちが、現地で独立戦争を続け、大東亜戦争が続いていた。

１９６０年には、アジア・アフリカで大量の植民地を独立させ、本書で書いた１９９４年のパラオ独立をもって、全世界から植民地が消滅した。

東条英機をはじめとする、処刑された軍関係者たちは、すべて陸軍の将校であり、海軍出身者は一人もいなかった。

これは、アメリカと海軍の共謀によって行われた裁判であり、陸軍の残党を一掃し、終戦後の日本における海軍出身者および背後にいる日本ＤＳの主導権を確定するための裁判であった。

カバーデザイン　石田隆（ムシカゴグラフィクス）
本文仮名書体　蒼穹仮名（キャップス）

目次

第二次世界大戦の真実❶ 日本は二次大戦に勝利していた⁉

植民地解放の真実とは？

第二次世界大戦の真実❹　日本は二次大戦に勝利していた!?

大東亜共栄圏の理想とは

戦後の歴史戦によって日本は悪者にされた

第二次世界大戦の真実 1

日本は二次大戦に勝利していた!?

植民地解放の真実とは？

今こそ第二次世界大戦の再評価が必要

現在コロナの裏で、様々な事態が進行しています。

すでに気づいておられる方は、それを周りの人たちに伝えていると思います。

素直に受け入れてくれる方はいますが、まだまだ少数のようです。特に主な情報源をテレビや新聞に頼っている年配の方々は、聞く耳持たない方が多いです。

みなさんの中にも、お父さんやお母さん、おじいさんやおばあさんに話してみたら、全く相手にされず、気違い扱いされた方もいるのではないでしょうか。

諸外国と比べても、新聞・テレビに洗脳されている人の割合は、日本ではとても高いようです。

しかしこれらの人たちに粘り強く説得を試みるうちに、私はある事実に気が付きました。

彼らはほとんど全員、今現在に起きていることではなく、今から75年も前に起きた、第二次世界大戦のところで引っかかっているのです。

■第二次世界大戦で日本は罪を犯したのか？

彼らはだいたい次のように考えています。

「日本はかつてアジア制覇の野望を抱き、アジア諸国を植民地にしようとして、これを侵略した。この野望はアメリカによって止められ、日本は敗北した。我が国は多くの人が死に、国土は焼け野原となった。
また我々はこの侵略によって、アジア諸国を苦しめ、多くの迷惑をかけた。我々はこの行為を深く反省し、我々が苦しめた諸国に賠償しなければならない。
同時に、日本が2度とこのような過ちを繰り返さないように、政府を監視し、憲法によって、日本が2度と戦争できないようにしていく必要がある」

この考え方を、以下の原稿では第二次世界大戦の「基本ドグマ」と呼んでいきたいと思います。

もしもこの「基本ドグマ」が事実であれば、我が国は過去に大きな罪を犯したことになり、その罪を繰り返さないためには、マスコミによって、常時政府を批判し、行動を監視し続ける必要があります。

憲法によって、戦争を放棄し、軍隊を持てないようにして、他国が侵略してくれば、ノーガードで侵略させるがままにしなければならないでしょう。

これは左翼の人たちの考え方とほぼ同じです。

ここまでいかなくても、日本は恥ずかしい国であり、立派な国である欧米諸国を見習って、古い日本の文化は放棄し、進んだ西洋の文化に置き換えていかなければならない、などと考えるようになってしまいます。

しかしみなさんすでにお気づきのように、この「基本ドグマ」は、真実ではありません。

どこがどう真実でないのかと言うと、はっきり言って、ありとあらゆる部分が真実ではありません。

この嘘で塗り固められた、「基本ドグマ」を信奉している限り、マスコミの情報をすべて信じ、事実から目を背け続ける生涯を送ることになってしまうのです。

第二次世界大戦の真実とは？

では真実はどうだったのでしょうか？

これについてはのちの章でゆっくり述べさせていただくとして、ここではこ

れらの真実の背後に横たわる、一つの大きな真実を確認しておきましょう。それは、

「日本は第二次世界大戦に勝利した」

という真実です。

■第二次世界大戦の戦争目的とは？

そんなばかな！　連合艦隊はすべて撃沈され、日本の都市は連日空襲を受け、最後は広島と長崎に原爆を落とされて、日本はアメリカに無条件降伏したじゃないか、って。

確かにそれらは事実です。

しかし戦争には、そもそもそれによって実現するはずだった目的があります。

この戦争目的を実現するために、軍事力を用いて他国と戦うのです。そして戦争目的を実現した国が、戦争における勝利をおさめたということになります。

たとえば領土紛争であれば、お互いの国がある地域を自国の領土であると主張し、戦争を行って、どちらかの国がその地域の領有に成功すれば、その国が勝利ということです。

戦争目的の実現、すなわち戦争における最終的な勝利は、個々の戦闘の勝敗にだいたい一致しますが、まれに一致していないこともあります。

それでは第二次世界大戦における日本の戦争目的は何だったのでしょうか。

「基本ドグマ」を信奉している人なら、

「アジア諸国を侵略し、植民地として支配して、自国の勢力を拡大するためだ」

と言うでしょう。

しかしこれは全く違います。

そもそもこんな目的のために、一丸となって、最後の最後まで戦い抜く国民がどこにいるのでしょうか？

今の中国を見てください（編注：２０２０年９月現在）。習近平は中華帝国の復興を提唱し、経済力、軍事力を用いた世界制圧を目指しています。

しかしアメリカの圧力を受け、国内は動揺し、共産党の指導部や富裕層の人たちはおろか、一般の人たちまで、国外に資産を移し、国外脱出を図るありさまです。

日本は第二次世界大戦開戦前に、同様の圧力をアメリカからかけられましたが、びくともしませんでした。開戦後、戦況が思わしくなくなり、連日空襲を受けるようになっても、国外に脱出しようと考える国民は、ついに一人もいませんでした。

なぜ日本人は、無条件降伏のその日まで、どんな困難に陥っても、一致団結して戦い続けることができたのでしょうか。

それは日本にはこの戦争の目的となる「崇高なる大義」があったからです。

その大義とは、「植民地の解放」です。

■西洋諸国による植民地の分割

17世紀に起きた産業革命以来、西洋諸国は、アジア・アフリカ諸国の植民地化を進めていました。

19世紀末の時点で、この植民地化はほぼ完了し、植民地として分割されていないのは日本とタイだけというありさまでした。

ここで日本は明治維新を断行し、富国強兵を成し遂げて、自国の領土を西洋諸国による植民地化から守ることに成功します。

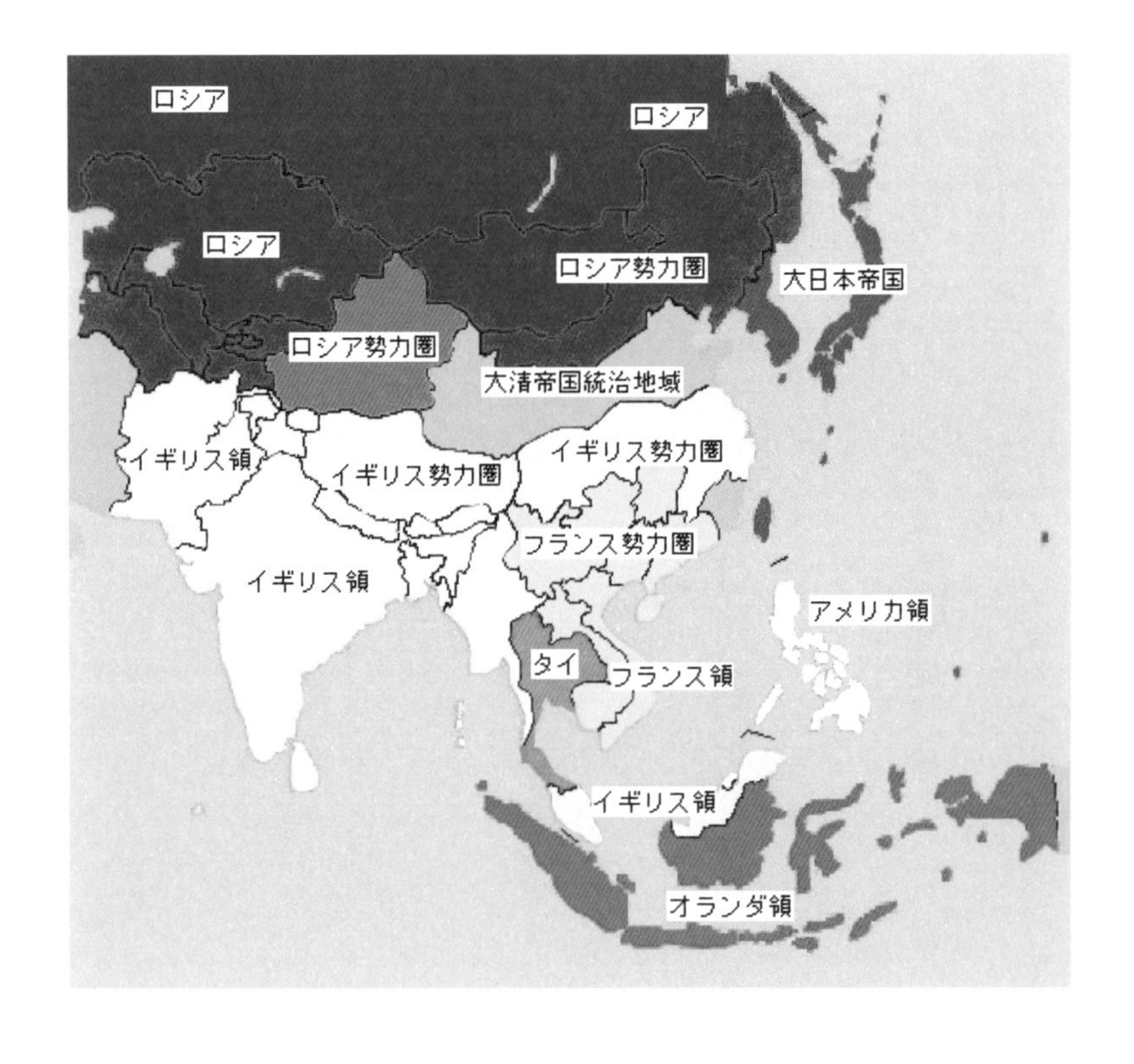
ロシア
ロシア
ロシア
ロシア勢力圏
大日本帝国
ロシア勢力圏
大清帝国統治地域
イギリス領
イギリス勢力圏
イギリス勢力圏
フランス勢力圏
イギリス領
アメリカ領
タイ
フランス領
イギリス領
オランダ領

日露戦争で、欧州の一角であるロシアに勝利し、日本は自国の防衛を盤石にしました。

ここで植民地分割は一段落します。

次に起きた第一次世界大戦は植民地を持つ欧州諸国同士の戦いでした。分割されていない植民地がなくなったので、あとは植民地をすでに持っている他国から奪い取るしかなかったわけです。

第二次世界大戦においては、日本はドイツ・イタリアと同盟を組んでいました。

ドイツとイタリアは、第一次世界大戦で敗北を喫し、植民地を取り上げられていた国でした。この2国の第二次世界大戦における戦争目的は、第一次世界大戦のリベンジと、新たな植民地の獲得です。

しかし日本の戦争目的はこれら2国とは全く異なっていました。

■大東亜共栄圏の理想

日本はそれ以前に行われていた西洋諸国による植民地支配に深く心を痛めていました。

そして自国の防衛を盤石なものとした日本は、すでに植民地にされているアジア諸国を、西洋諸国の手から解放しようと試みたのです。

具体的には、まず植民地にされている国々に攻め込み、宗主国たる西洋諸国を追い出します。

その後それらの国々を援助し、独立国家としたうえで、対等な立場で外交関係を樹立し、同盟を結び、アジア地域でともに助け合って繁栄していこうとしたのです。

これが「大東亜共栄圏」の思想です。

日本は、西洋諸国が行っている、支配・被支配による搾取の関係を終了させ、対等な国家同士が友人としてともに助け合っていける世界を実現しようとしたのです。

日本はこの理想を掲げ、アジア諸国を欧米の植民地から解放するために、ただ一国、世界中を敵に回して戦い抜きました。

日本国民一人一人が、この理想を理解し、その実現を心から願っていたため、誰一人逃げ出すことなく、世界を敵に回して戦い続けることができたのです。

対する西洋諸国は、これが実現してしまうと、自分たちの植民地が取り上げられ、さらにはそれまで植民地で行った悪事がすべて明るみに出てしまうため、必死に抵抗し、日本をつぶしに来たわけです。

そして最後に残ったアジアの非植民地国である日本を制圧し、植民地の分割を完成させて、アジア、アフリカ全域を植民地として支配するという目的のもとで、第二次世界大戦を戦ったわけです。

これらすべての西洋諸国を敵に回し、日本はただ一国で、国民一丸となって最後まで戦い抜きました。

しかしさすがに敵が強大で、かつ数が多すぎたため、ついに日本は力尽き、アメリカに無条件降伏することになります。

■植民地解放を達成した日本

それでは終戦後の世界はどうなったのでしょうか。

終戦直後から、アジアにおける植民地の独立が相次ぎ、その後60年代に入るとアフリカ諸国が欧米の植民地から独立するようになっていきます。

詳しい経過についてはのちの章に譲るとして、ここでは最終結果だけを確認しておきましょう。

第二次世界大戦直前では、日本およびタイ以外のすべてのアジア・アフリカ諸国が、西洋諸国の植民地となっていました。

現在では植民地になっている国は一国も存在しません。

植民地解放を目的として戦った日本は、降伏し、占領されましたが、世界中のすべての植民地の解放に成功しました。

すべての国を植民地として支配することを目的として戦った西洋諸国は、日本を倒すことには成功しましたが、その後すべての植民地を失い、国力を大幅に減退させました。

さて、それでは、この戦争に勝利したのは一体どちらでしょうか？

日本は第二次世界大戦に勝利した

もうおわかりですね。

所期の戦争目的を達成し、第二次世界大戦で最終的に勝利したのは日本です。

日本は、自らを犠牲にし、世界中の国々を植民地支配の魔手から救った、偉大なる勇者なのです。

■「基本ドグマ」の解除を試みよう

待ってくれ、そんな話初めて聞いたぞ、そんなこと考えたこともなかった、という方が多いと思います。

それこそが、新聞・テレビなどのマスコミによる洗脳の結果です。

アメリカは占領直後から、日本国内のマスコミを総動員してキャンペーンを行い、これらの真実を隠蔽（いんぺい）しました。それこそ必死のキャンペーンでした。

なぜなら、もし真実が知られてしまうと、自分たちが何百年間も行ってきた悪事がばれてしまうからです。

そのアメリカの必死の工作によって作り上げられた幻想こそが、第二次世界大戦の「基本ドグマ」です。

この「基本ドグマ」を信奉している人たちは、そもそもの最初からマスコミによって洗脳されているため、現代においても繰り返し行われているマスコミの洗脳を、疑問なく受け入れ、それに従う傾向にあります。

しかしこの「基本ドグマ」の解除に成功すると、驚くほどあっけなく洗脳が解け、現代で行われている真実をもしっかりと把握できるようになります。

みなさんも現在行われている事実について、聞く耳を持たない家族がいたら、ぜひこの第二次世界大戦の話をしてみてください。驚くほど簡単に、洗脳が解けていくのを感じるはずです。

ここではざっと概観を眺めてみましたが、次章からその一つ一つの部分をしっかり説明していきたいと考えています。

第二次世界大戦の真実 2

日本は二次大戦に勝利していた⁉

植民地主義とは何か

■大航海時代以降の植民地主義

15世紀に始まった大航海時代以降、ヨーロッパの国々は、次々にアフリカ、アジア、南北アメリカ大陸に進出していきました。

この時代の主役を担ったのは、スペインとポルトガルです。スペインは1492年のコロンブスによるアメリカ大陸到達以降、主に南北アメリカ大陸を侵略し、ポルトガルは、ブラジルを侵略し、アフリカ南端を回ってアジア各地に拠点を作っていきました。

18世紀に始まった産業革命によって、欧州諸国は経済的、軍事的に大きな発展を遂げ、これ以降、イギリスやフランス、オランダ、ドイツ、デンマークなども参加して、次々にアフリカ、アジア、南北アメリカに進出、現地の国々を

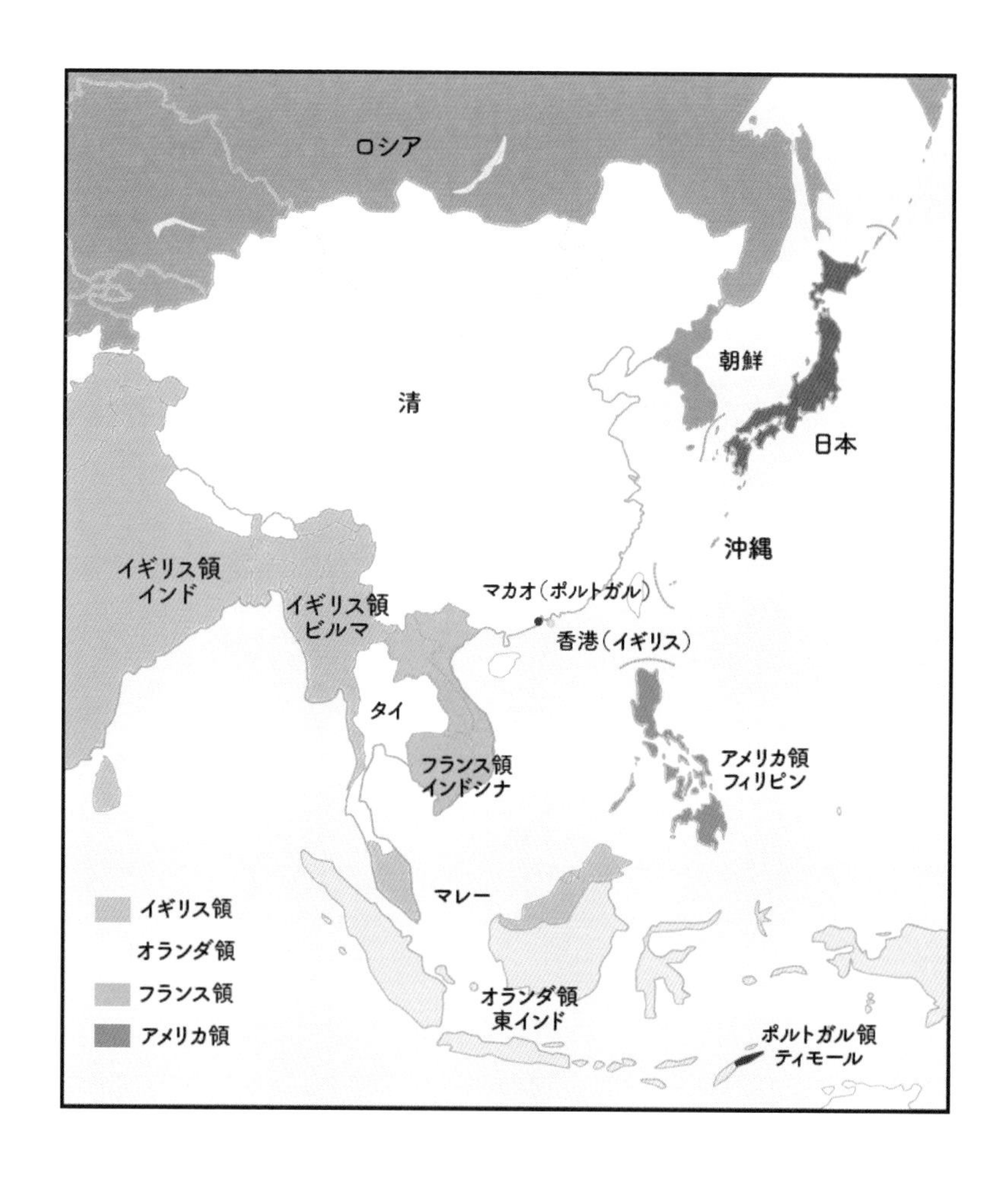
ロシア
清
朝鮮
日本
沖縄
イギリス領
インド
イギリス領
ビルマ
マカオ（ポルトガル）
香港（イギリス）
タイ
フランス領
インドシナ
アメリカ領
フィリピン
マレー
オランダ領
東インド
ポルトガル領
ティモール
イギリス領
オランダ領
フランス領
アメリカ領

侵略して、植民地にしていきます。

19世紀半ば、日本では幕末の頃、西洋諸国による植民地分割はほぼ終わり、まったく植民地化されていないのはタイと日本だけ、清はイギリス、フランス、ドイツに食い荒らされ、朝鮮は清の属国、あとはどこかの植民地、という状態でした。

ちょうどこんな感じですね（前ページの地図参照）。

■植民地支配の現実

西洋諸国による植民地支配は、現代の視点から見ると想像できないぐらい、苛烈な収奪が行われていました。収奪の手口は次のようなものです。

まずは現地に商館を構え、貿易商人とキリスト教の宣教師を送り込みます。貿易をしつつキリスト教の布教をします。

キリスト教は一神教で、イエス以外の神を認めず、現地の宗教や文化を見下した態度をとるので、だいたい現地で反感を買い、キリスト教は弾圧されます。そして宣教師か、現地の商人が襲われたり殺されたりする事件が起きます。

これを理由に、現地のキリスト教徒を守るためと称して、本国から艦隊を派遣します。本国の艦隊は、宣教師を殺した犯人の引き渡しを要求し、これが拒絶されると艦砲射撃を開始します。

ついでにそのままその国に攻め込み、現地の政府を滅ぼして、条約を結びます。この条約にはだいたい次の3つがセットで入っています。それは、

1．領事裁判権
2．関税自主権の放棄
3．最恵国待遇

です。そして現地に総督を置き、現地政府を監督し、軍隊を常駐させて監視を行います。これ以降は、現地政府は宗主国の総督から言われたことをそのまま実行するようになります。

その後、植民地では、現地の総督が指示する作物を作らなくてはなりません。これはだいたいヨーロッパに持っていって高く売れる香辛料や工芸品、または綿花などの工業原料です。

工業原料は本国に運ばれ、機械化された工場で商品化され、製品は植民地で販売されます。現地で住民を強制労働させ、タダ同然に買いたたいた原料を、製品にして高い値段で販売し、宗主国は二重にぼろもうけです。

関税自主権がないので、関税をかけることができず、この横暴を止める手立てはありません。

住民が反乱を起こすと、軍隊で鎮圧し、文句を言うと銃で撃ち殺します。領事裁判権があるので、現地の法律で裁くことができず、殺人も略奪もやり放題です。

また最恵国待遇があるので、現地の政府が他の西洋諸国に何かの特権を与えると、自動的にそれが自国にも適用されます。

商品作物を強制的に栽培させられた現地の農園は、食料を作ることができないので、だいたい食糧不足で餓死者が出ます。しかし西洋諸国にとってそんなことは知ったことではありません。

大量の餓死者をそのまま放置し、強制労働を続けさせ、反乱が起こると軍隊で皆殺しです。

人権も何もあったものではありませんね。

■植民地支配の正当化

宗主国と植民地の関係は、完全な支配・被支配の関係です。本国の指令を受けた総督が現地政府に指示を出し、現地人の官僚を使って植民地を思いのままに統治します。

宗主国から植民地に資金が流れることはなく、植民地の富は一方的に宗主国に収奪されます。

植民地の住人が宗主国に渡航することは原則としてできません。

植民地の文化や、宗教、慣習は時代遅れのものとみなされ、宗主国によって破壊され、西洋の文化やキリスト教を受容させられます。

現地の人々は人間扱いされず、食糧不足で餓死しても一顧だにされることはありません。

現代の我々から見るととんでもない蛮行ですが、なんでこのような行為が全世界的に堂々と行われていたのでしょうか？

キリスト教と啓蒙思想

一番大きな要因は、一神教であるキリスト教の影響でしょうか。キリスト教は「汝の隣人を愛せよ」と説き、すべての人が神のもとに平等であると教えます。

しかしこの「すべての人」というのは、キリストを信じるすべての人のことです。キリストを信じていない人は、愛すべきすべての人に含まれていないのです。

しかも神はイエス・キリストただ一人だけです。ということは、イエス以外の神を信じている人々は、本当の神を信じていない、すなわち悪魔を信じていることになります。

キリスト教徒から見ると、アジアやアフリカの異教徒は悪魔を信じる異邦人であり、愛すべき対象ではないので、殺しても何の問題もないことになります。

それどころか、キリスト教徒が彼らを支配し、真の神であるイエス・キリストを強制的に信じさせることこそが、彼らを悪魔の信仰から引き離し、真の神の信仰へと引き入れる聖なる行為である、ということになるわけです。

あとは啓蒙思想の影響もあります。啓蒙とは蒙昧(もうまい)を啓(ひら)く、すなわち無知な人々に教えてあげようという思想です。

この場合は、遅れた原始的な文化を持つ植民地の人々に、先進的な西洋文明を持つ我々が、文明を授けてやろう、という考え方です。

この考え方が背景にあるため、植民地の文化は遅れた野蛮な因習であり、さっさと破壊して、我々の持つ先進的な文明を広めるのが、植民地に住む原住民たちを幸せにする道である、と考え、どんどん現地の文化や風習を破壊していくわけです。

■植民地側の諦観

このような白人たちの横暴を、当の植民地に住む人々はどのように考えていたのでしょうか。

彼らの考え方を一言で表すと、あきらめをもって受け入れていた、と言えるでしょう。

当時の西洋諸国は、産業革命を達成し、機械化された大量生産設備と、近代化された高性能の武器を所持していました。

植民地諸国は、農業中心の手工業制で、蒸気船も高性能な銃や大砲もありません。

武器の性能が違いすぎるので、戦って勝てる見込みはありません。

何度も反乱を起こしますが、その度に高性能な武器で武装した西洋の軍隊に鎮圧され、我々は西洋人には勝てない、と思い込んでしまっていました。

また西洋人がもたらした文明は、確かに生活の利便性を上げていました。そこで西洋人が考える、植民地の文化は遅れた土人の文化で、西洋文明こそが進んだ優れた文化であるという考え方を多くの人が受け入れてしまっていました。

ある者は、支配者である西洋人に取り入り、支配の片棒を担いで民衆から搾取し、おこぼれをもらい、多くの者は、西洋人は我々より優れた人種なんだ、我々は西洋人には勝てないんだ、とあきらめ、搾取されるがままとなっていたのです。

■動物園のたとえ

私はいくつかの著書で、この状況を動物園でたとえています。

広大な動物園（世界）で、ある日、突然すべての飼育員がいなくなってしまいました。動物たちはしばらく顔を見合わせていましたが、そのうち2頭の猛獣（スペイン、ポルトガル）が檻を破って逃げ出しました。

猛獣は草食動物の檻に行き、檻を破って侵入し、中にいた草食動物（メキシコ、ペルー、ブラジル）を食べ始めます。

それを見た他の猛獣たち（イギリス、フランス、オランダ、ドイツ、ロシアなど）が次々に檻を破って逃げ出し、手近にあった草食動物の檻（アフリカ、アジア、南北アメリカ諸国）に侵入し、食べ始めます。

猛獣たちは自分たちが破った檻を自分の縄張りであると宣言し、囲い込んで、中の草食動物たちを自分の餌として確保していきます（植民地の分割）。

草食動物の檻は次々と肉食動物に占領されていき、残った檻はあと2つ（タイ、日本）。そのうちの一つ（日本）を、ついに一頭の猛獣（アメリカ）が破ろうとしている。

これが19世紀半ばにおける世界の状況です。

しかしこの最後の草食動物は、猛獣たちが予期しない、あっと驚く行動に出ます。

彼は、もともと持っていた角に加えて、肉食動物たちが持つ牙や爪を新たに身に着け、襲い掛かる猛獣たちと戦うことを決意したのです。

第二次世界大戦の真実 3

日本は二次大戦に勝利していた!?

明治維新の奇跡

■黒船襲来

１８５３年、ペリー率いるアメリカ東インド艦隊の艦船４隻が、浦賀沖に来航しました。本物の蒸気船を初めて目の当たりにした日本人はびっくり仰天しました。

アメリカが攻めてくる！　日本は占領されてしまうぞ！　と人々は恐怖に駆られます。

しかしここからの反応が、それまで西洋諸国の植民地にされてきたアジア諸国と、日本とでは決定的に違いました。

江戸幕府２５０年の統治のもとで、泰平の眠りについていた日本人は、黒船の来航により、瞬時に世界の中で自らが置かれている立場を理解します。
そしてすぐさま気を取り直し、粛々と欧米諸国への対抗策を講じ始めるのです。

蒸気船と、西洋の大砲、銃器の優位性を把握した江戸幕府は、すぐに自前の製鉄所の建造に取り掛かります。

なんと黒船襲来から７か月後の翌１８５４年１月には、現在の静岡県伊豆の国市に、韮山（にらやま）反射炉１号機を建設、自国産の鉄鋼の生産に成功します。

その３年後の１８５７年には、18ポンドカノン砲の生産に成功、最新式の大砲の自国生産を軌道に乗せます。

ペリー来航直後の１８５３年10月には、浦賀で蒸気船の建造が始まり、それから８か月後の１８５４年６月には幕府自前の黒船「鳳凰丸」が完成しています。

１８５７年になると、江戸幕府は、７隻の黒船からなる蒸気船艦隊を所持しており、この時点でペリー艦隊の戦力を大きく上回っています。

もしもペリーがもう一度やってきたとしたら、瞬殺できるレベルに到達していたわけです。

このスピード感と実行力は、今見てもすごいと思います。

■日本と他のアジア諸国の発想の違い

この時すでに、西洋諸国の侵略に対する、日本と、他のアジア・アフリカ諸国の対応は、まったく異なったものであることがわかると思います。

アジア・アフリカ諸国は、西洋の艦隊とその圧倒的な武力を目の当たりにして戦闘意欲をなくしてしまい、やられるがままに侵略されてしまいました。

国内は多数の勢力に分裂し、それぞれの勢力が別々の西洋諸国と結びつき、内戦となったところにつけ込まれ、どんどん西洋諸国の勢力が大きくなっていきました。

これに対して日本は、西洋の艦隊とその圧倒的な武力を見て、すぐに、自分たちも同等の武力を持とうと決意し、それをすぐに実行に移し、実現してしまいました。

日本では内戦となっても、西洋諸国と結びついて自分の勢力を伸長させようとする勢力はなく、自分たちの力だけで戦い抜いているため、西洋諸国のつけ入るスキはありませんでした。

■明治維新と富国強兵

その後、国内において様々な紆余曲折を経て、1868年、日本は明治維新を達成します。

明治政府の政策を一言で表すならば、「非常事態対応政策」と言えるでしょう。

何が非常事態かといえば、もちろん、迫りくる西洋諸国の侵略です。それに抗して自国を防衛し、自立した国家として繁栄していくにはどうしたらいいか、ということを考え抜いた政策が見事に実行されています。

天皇を神とする国家神道のもとに国論を統一し、法の支配を実現して法治国家を建設し、産業を振興させ国力を増強し、軍備を整え西洋列強に負けない軍事力を所持し、国会を開設して民意をくみ上げ、官僚組織を整備して中央集権をいきわたらせ、教育制度を整備して民度を上げ、インフラを整備して……などということをすべて、40年余りの間に成し遂げてしまったわけです。

現代においても明治維新について文句を言っている人はたくさんいます。軍国主義だとか、人権が軽視されているとか、他国を侵略したとか、天皇が神なんてありえないとか、日本古来の価値観とマッチしていないとか、さらには、天皇がすり替えられているとか、李家を中心とする朝鮮人に乗っ取られているとか……。

しかしこれらすべてひっくるめて考慮したとしても、明治政府の政策は、「あの状況ではああするのがベストであった」と言えると思います。

圧倒的な生産力・軍事力を持ち、すでに他のアジア・アフリカ諸国を植民地として支配した西洋諸国が、日本に狙いを定めているという状況の中で、悠長なことを言っていたらあっという間に日本も植民地にされてしまっていたでしょう。

その状況の下では、西洋諸国の侵略から自国を守るには、日本自身も西洋諸国に対抗できるような生産力・軍事力をつけていくしかない、と喝破し、それを短時間のうちに実行し、この国を守り抜いた明治時代の先人たちには、心から感謝と敬意をささげたいと思います。

日清・日露戦争と韓国併合

明治時代後半から、日本は2つの大きな戦争を実行しました。日清戦争と日露戦争です。この2つの戦争に勝利した日本は、その後大韓帝国を併合します。

この時点のアジアはちょうど次ページの地図のようになっています。

この流れについて歴史的事実だけを並べると次のようになります。

「1894年（明治27年）7月25日から1895年（明治28年）4月17日にかけて日本と清の間で日清戦争が行われた。李氏朝鮮の地位確認と朝鮮半島の権益を巡る争いが原因となって引き起こされ、主に朝鮮半島と遼東半島および黄

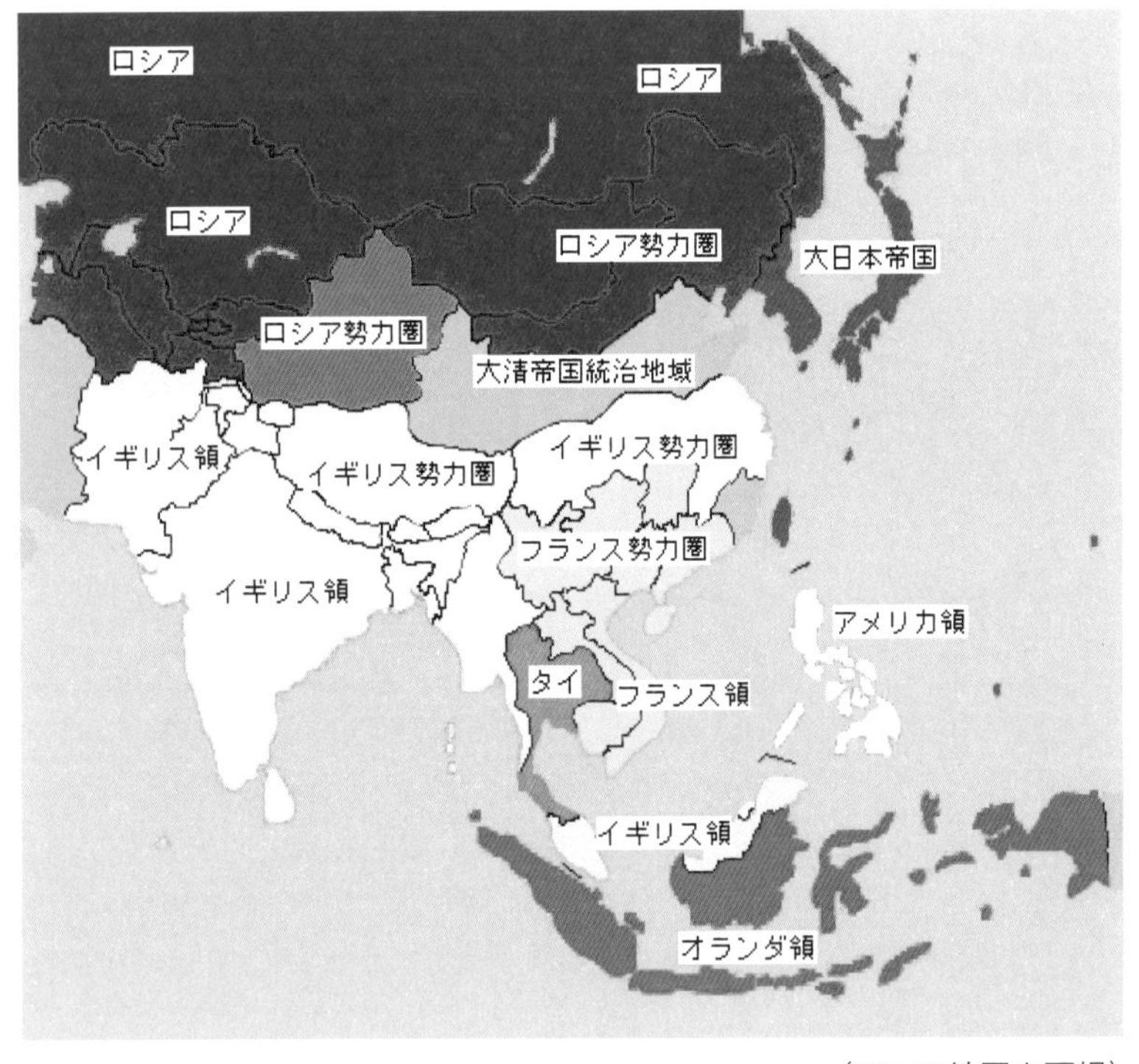
ロシア
ロシア
ロシア
ロシア勢力圏
大日本帝国
ロシア勢力圏
大清帝国統治地域
イギリス勢力圏
イギリス領
イギリス勢力圏
フランス勢力圏
イギリス領
アメリカ領
タイ
フランス領
イギリス領
オランダ領

(P30の地図を再掲)

海で両国は交戦し、日本側の勝利と下関条約の調印によって終結した。

講和条約の中で日本は、清国に李氏朝鮮に対する宗主権の放棄とその独立を承認させたほか、清国から台湾、澎湖（ほうこ）諸島、遼東半島を割譲され、また巨額の賠償金も獲得した。しかし、講和直後の三国干渉により遼東半島は手放すことになった。

1904年（明治37年）2月8日から1905年（明治38年）9月5日にかけて大日本帝国とロシア帝国との間で日露戦争が行われた。朝鮮半島と満州の権益をめぐる争いが原因となって引き起こされ、満州南部と遼東半島が主な戦場となったほか、日本近海でも大規模な艦隊戦が繰り広げられた。最終的に両国はアメリカ合衆国の仲介の下で調印されたポーツマス条約により講和した。

講和条約の中で日本は、朝鮮半島における権益を認めさせ、ロシア領であった樺太の南半分を割譲させ、またロシアが清国から受領していた大連と旅順の租借権を獲得した。

1910年（明治43年）8月29日、「韓国併合ニ関スル条約」に基づいて大日本帝国が大韓帝国を併合して統治下に置き、日韓併合が行われた」
（ウィキペディアより、一部改）

みなさん歴史の授業で習っておなじみだと思います。しかしこの事実について、どう捉えるかは、それぞれの立場によって全く違います。

日本の立場

日本から見た、日清・日露戦争と韓国併合は、すべて朝鮮半島問題です。朝鮮半島に袁世凱率いる清軍が駐留して、半島を制圧しようとする事態に陥ったため、日清戦争を行い、その後ロシア軍が朝鮮半島に駐留し、中朝間に塹壕(ざんごう)線を築くのを見て、日露戦争を始めています。

この2つの戦争の目的は、国防および朝鮮半島の解放です。

朝鮮半島は、日本列島に向けて突き出た剃刀（かみそり）の刃です。ここを敵国に制圧され、海軍基地を作られると、日本本土の防衛が危うくなります。

また朝鮮半島は、日清戦争以前は李氏朝鮮が統治していましたが、これは完全に清の属国でした。これを解放し、朝鮮を独立させて友好関係を結び、これを緩衝地帯として日本本土を防衛しようという趣旨です。

実際に日清戦争で日本が勝利し、朝鮮半島は、大韓帝国として独立しました。史上はじめて、朝鮮半島に独立国ができたわけです。

日本は独立した大韓帝国と、上下関係に基づかない対等な国家同士として、友好関係を樹立することを望みました。

しかし大韓帝国皇帝、高宗は、国内にロシア軍を引き入れ、王宮をロシア大使館内に移し、日本の影響力を排除しようとしました。

そこで日本はロシアと一戦を交え、これに勝利してロシア勢力を大韓帝国国内から追い出し、その後、大韓帝国を併合したわけです。

併合と植民地支配は全く違います。

併合というのは、日本国の一部として、完全に日本国の他の部分と同じ扱いにするという意味です。

朝鮮の人たちは、日本国内を自由に移動できましたし、日本本土で就職したり、本土の学校に通ったり、はては日本軍に入って将校となることも可能でした。

日本は朝鮮に毎年多額の出資をして、インフラを整備し、学校を作り、教育を行い、産業を振興させました。当時の記録では朝鮮半島の収支は毎年２４００万円の赤字でした。国家予算が８億円の時代に、これだけの投資を毎年行っていたのです。

朝鮮の人たちは、平和の下での繁栄を謳歌し、併合の時代に朝鮮半島の人口は実に10倍となりました。

西洋諸国の植民地では、現地の人々が本国に入国することはありえません。植民地は収奪される一方で、収支が赤字になることもありえません。もし赤字になったならば、そんなもうからない植民地はすぐに手放してしまうでしょう。

植民地では飢饉(ききん)が頻発し、人口は半減、もしくは３分の１になってしまうこともありました。

植民地と併合では、基本的な発想が全く違うのがおわかりと思います。

植民地を解放し、上下関係ではなく、対等な関係の下で、ともに繁栄していこうという日本の理想は、まずはじめに朝鮮半島で開花し、実行されていったといえます。

以上詳しい話は拙著、

『バンザイのひみつ：明治維新はすごい！　ニッポン生き残り大作戦』

https://www.amazon.co.jp/exec/obidos/ASIN/B079VRVS9Z/shunsasahara-22

を、ご参照ください。

西洋諸国の立場

しかし日本の理想は、この時点では他国に理解されることはありませんでした。

西洋諸国は、そもそも国家間における対等な友好関係というのが理解できないようです。

彼らが考える国家間関係とは、支配・被支配の関係、すなわち植民地（従属国）と宗主国の関係か、同等の軍事力の下ににらみ合っている関係、すなわちパワーバランスの均衡した関係の2通りしかありません。

西洋諸国は、お互いにパワーバランスを保って、にらみ合った状態で、植民地の争奪戦を繰り広げ、アジア・アフリカ諸国を支配・収奪していきました。

ところが彼らが次の獲物にしようとしていた日本が、あっという間に近代化を成し遂げ、西洋諸国の一角であるロシアを倒し、朝鮮を併合したのです。

これは彼らから見ると、日本という新たな宗主国が誕生し、ロシアのもとから植民地を奪い取り、自分たちの植民地にして収奪を開始した、と見えるのです。

自分たちのライバルが1国増えた、これは警戒しなければならない、という感じです。

清国・朝鮮の立場

清や朝鮮から見ると、これまた違った風に見えます。彼らは2000年余りにわたって、東アジアで華夷秩序のもとで過ごしてきました。

これは中国を宗主国とし、周辺国を従属国とする秩序です。中国の王朝が中華に君臨し、他の諸国はこの支配下の属国として中国に朝貢(ちょうこう)し、中国に臣従するという関係です。

韓国併合は、清から見ると、臣下であるはずの日本が、最後に残った朝貢国である朝鮮を奪い取り、自分の朝貢国に加えた。これは華夷秩序を乱すとんでもない冒瀆(ぼうとく)である、と見えます。

併合された朝鮮のほうも、それまで同じ朝貢国の立場だった日本が、朝貢国としては格上の自分たちを占領して自国に併合するなんて、華夷秩序を乱すとんでもない冒瀆である、と考えるわけです。

カバール・ディープステートの立場

拙著『白ウサギを追え！』で解説した、ディープステートは、ごく最近に出現したわけではありません。彼らは紀元前から存在し、様々な形態をとって、いろいろな国々を陰から支配していました。

この当時は、彼らはユダヤ財閥の力を背景に、西洋キリスト教諸国に入り込み、全世界を植民地として支配する計画を進めていました。

彼らの全世界支配計画の第1弾が、15世紀から始まった、植民地システムだったというわけです。

彼らにとっては、400年かけて進めた支配計画が、あと2国で完成、という時に、そのうちの一国がいきなり牙をむき、自分たちの計画を阻止しに来た。これは絶対につぶさなくてはならない、というように見えるわけです。

■日本という名のイレギュラー

以上のように、日本は西洋諸国の圧力に対して、明治維新を断行し、近代化を実現、西洋諸国に対抗しうる力をつけて、西洋諸国の一角を倒し、一つの植民地の解放に成功しました。

これは他の国々から見ると全く予想外の出来事であり、完全なるイレギュラーでした。日本はこれからさらに力をつけて、植民地の解放に邁進(まいしん)していくことになります。しかしこの時点では、日本が考えていることを理解している国は一国もありませんでした。

前述の動物園のたとえでいうと、次のようになるでしょうか。

最後に残った2つの草食動物の檻（日本、タイ）の中の一頭（日本）が、もともと持っていた角に加えて、鋭い牙と爪を身につけ、肉食動物たちに戦いを挑んだ。彼は肉食動物の一頭（ロシア）を倒し、その支配下にあった檻を一つ

（朝鮮）解放した。

彼は心優しい獣であった。自分が解放した檻の中の草食動物を支配しようとはせず、対等の友人として仲良くし、ともに繁栄していこうとした。しかし彼の考えは、当の自分が解放した草食動物も含めて、誰も理解することはできなかった。

肉食動物たちは、彼を、新たに登場した肉食動物として認識し、警戒を強めた。

第二次世界大戦の真実 ④

日本は二次大戦に勝利していた⁉

大東亜共栄圏の理想とは

■第一次世界大戦の勃発

1914年から18年にかけて、第一次世界大戦が発生しました。戦争の概要については教科書やウィキペディアを読んでいただくとして、ここでは植民地主義の立場から見た第一次世界大戦の位置づけについて考えてみましょう。

日露戦争が終わった時点で、世界中の植民地の分割が完了しました。世界は西洋諸国を中心とする宗主国、アジア・アフリカ・南北アメリカの植民地、緩衝地帯として独立を保っているタイ王国、そして日本、という構図になったわけです。

ちなみに西洋諸国から見ると、日本は新たに登場した宗主国の一つであり、朝鮮半島がその植民地であるように見えています。すなわち彼らの目から見ると、世界は宗主国か植民地にきれいに2分されてしまったわけです。

しかし植民地分割の過程で、イギリスのように広大な植民地を獲得できた宗主国と、ドイツのように、ほとんど植民地を獲得できなかった宗主国があります。

わずかな植民地しか持たない宗主国は、さらなる植民地を獲得したいのですが、地球上にはもはや分割されていない国が存在しません。

この状況でできることはただ一つ。すでに植民地をたくさん持っている国から植民地を奪い取ることです。

かくして宗主国たる西洋諸国同士の植民地の奪い合いが勃発しました。これが第一次世界大戦です。西洋諸国同士が殴り合い、相手の持っている植民地を強奪しようとしたわけです。醜い争いですね。

結果的にはイギリス・フランス・ロシア・アメリカなどの協商国が、ドイツ・オーストリア・イタリア・トルコなどの同盟国に勝利し、勝利した側が敗北した側を解体し、植民地を奪い取ることになりました。

日本は協商国側で参戦し、勝利しています。主戦場はヨーロッパでしたので、西洋諸国に武器を売って大もうけし、日本経済は回復しました。日本にとっては、日露戦争と、その後の中国大陸進出の間の小休止のような戦争でした。

■満州国の建国

その後日本は、中国大陸に進出し、満州（中国東北部）を制圧します。もちろんここに至るまでには紆余曲折があるわけですが、ここではそれらを全部す

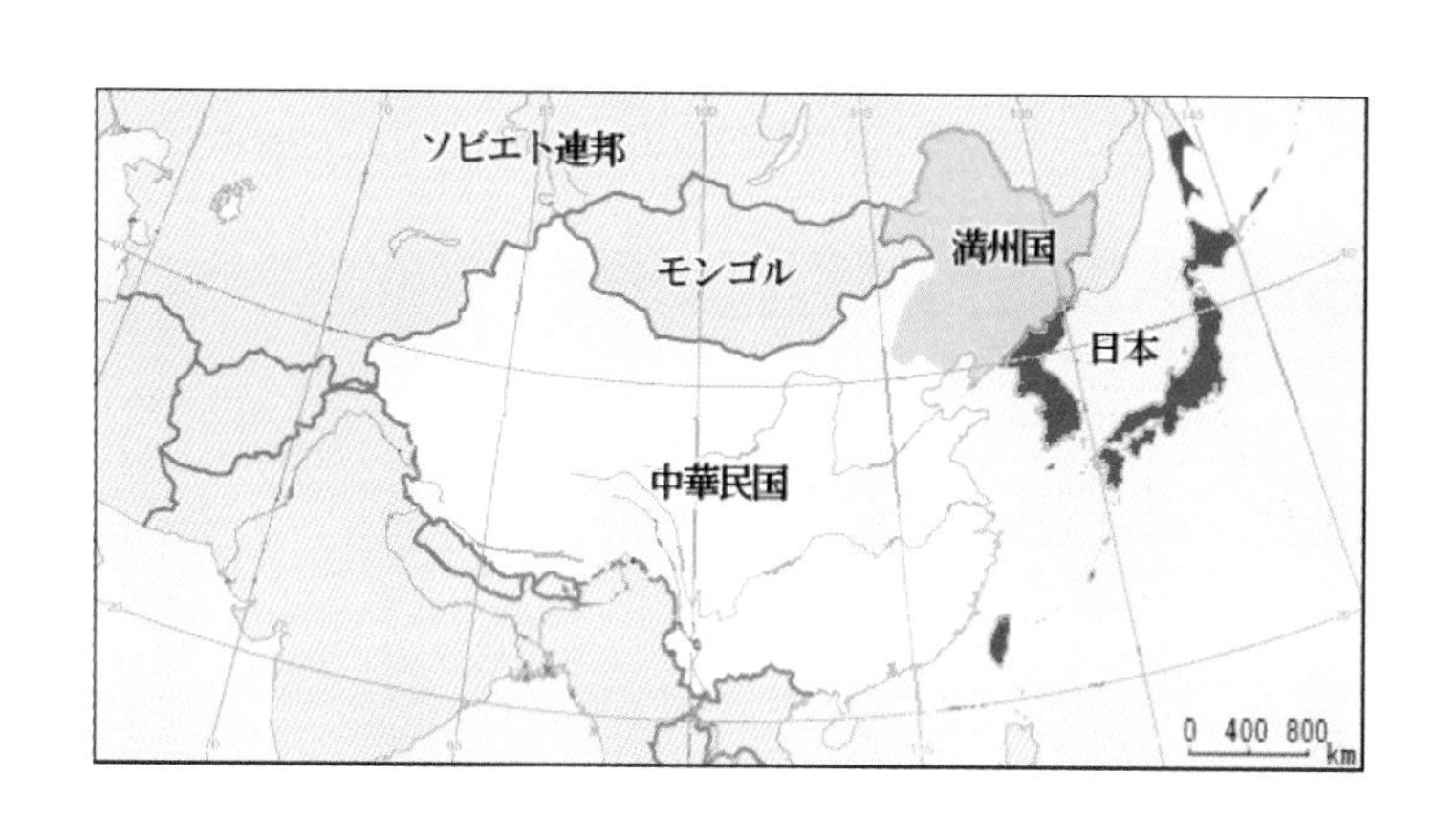

っ飛ばして、結論だけを見てみましょう。

「1931年に満州事変を起こした日本の関東軍が中心となり、翌1932年、中国の東北部に建国された。旧清朝の宣統帝であった溥儀(ふぎ)を執政とし、五族協和をかかげた。国際連盟は満州事変を日本の侵略行為と認定したため、日本は1933年に脱退した。翌1934年に溥儀を皇帝とする『帝国』となった。都は新京(現在の長春)」

満州はもともと満州族(女真族)の地です。女真族は中国史で遼とか金とかを建国した民族ですが、その後、清を建国し、1911年まで、中国全土を統治していました。

1911年の辛亥革命で、中華民国が成立し、清は滅亡しましたが、日本はその清の15代目、最後の皇帝である宣統帝、溥儀を引っ張り出し、皇帝にすえて、満州国を建国したわけです。

満州国の建国目的は、またもや国防と解放です。

国防については前ページ地図を見ていただければ一目瞭然かと思います。

御覧のように満州国は新たに日本の領土となった、朝鮮半島をちょうどふさぐ位置にあります。これは、陸路で朝鮮半島に攻め込まれるのを防衛する、という意味で、最適の場所だと言えるでしょう。

もう一つの解放については、この地はもともと満州族の地であったにもかかわらず、中華民国、すなわち漢族に占領されていたことに注意が必要です。

実際には中華民国の施政権は満州にはおよばず、軍閥の張作霖(ちょうさくりん)の私有地のようになっていましたが、満州族の故地が漢族に支配されていたという意味では同じです。

それを、日本軍の力で漢族を追い出し、満州族の国家であった清の皇帝を担ぎ出して再び皇帝に据え、満州族の国家を作った。これが満州族を漢族から解放した、ということです。

日本は、満州を解放して満州族の手に戻し、その地で支配・被支配の関係ではなく、諸民族が手を取り合って、共存・共栄していく世界を作り上げようとしたのです。

その理念は満州国の国旗にも表れています。

この国旗の大きな黄色い部分は日本を表します。左上の部分は、赤が満州族、青が漢族、白がロシア族、黒が蒙古族を表しています。

この5つの民族は、当時実際に満州に住んでいた民族です。この旗は、日本の力を背景にして、満州族と漢族とロシア族と蒙古族が、互いに手を取り合って繁栄していく「五族協和」の概念を表しています。

西洋諸国から見た満州国

しかしこのような、多民族が対等に共存・共栄していこうという発想は、支配・被支配の関係をベースとする西洋諸国には、まったく理解できませんでした。

国際連盟はリットン調査団を派遣し、満州国建国が日本による侵略行為であると断定し、日本はこれを不満として翌１９３３年、国際連盟を脱退します。

西洋諸国にすれば、満州国建国は、新たに宗主国の座に就いた日本が、満州族解放を口実に、自らの植民地を増やした行為にしか見えません。

自分たちは世界中の国々を侵略し、植民地にしているのに、よく言えたものだなと思いますが、彼らは文明の遅れた国をキリスト教の教えに導くことが善だと思っています。日本はキリスト教国ではありませんので、同じことをやるのは侵略だ、という発想のようです。

現在の歴史の教科書は西洋視点で書かれていますので、満州国の建国は、日本が中国を侵略し、その一部を植民地にしたとされているものが多いようです。

では、実際のところはどうだったのでしょうか？

満州国経営の実態

日本はまず満州中央銀行を設立し、それまで多数流通していた通貨を統一しました。その後、重化学工業を中心に多額の投資を行い、満州国内の産業を振興させ、インフラを整備し、学校を作って義務教育をいきわたらせ、国力を増強させていきました。

これらはすべて日本からの持ち出しですから、満州経営は当然赤字です。もしも満州を植民地として収奪するつもりなら、赤字経営なんてありえないというのは朝鮮と同じですね。

さらに農業にも投資し、食糧増産を図り、満州国の人口は、建国時の2900万人から1942年には4400万人に増加していました。植民地であれば、人口増加はありえないというのは、すでに述べた通りです。

日本は満州国を、対等な友人として扱い、すべての民族を尊重し、投資をしてインフラ整備を行い国力を増強し、人口を増加させていったのです。こんな植民地がありえるでしょうか？

大東亜戦争への道

その後日本は、1937年に起きた盧溝橋事件をきっかけに、中国本土に進出し、中華民国と交戦状態に入りました。

歴史に詳しい方はご存じかと思いますが、この時の関東軍（中国駐留の日本陸軍）は、日本政府の命令を全く無視して、勝手に戦線を広げています。

この原因については、拙著や他の方が書いた書物を参照していただくとして、問題はなぜ関東軍は日本政府の命令を無視したにもかかわらず、戦闘を継続することができたのかということです。

この背景にあるのは、日本国内の世論の後押しです。この時期の新聞を見るとわかりますが、マスコミは連日陸軍の中国における勝利を賛美し、戦争の継続を後押ししていました。

当時のマスコミは、現代のように、外国勢力に支配されているわけではありませんので、この論調は、国民の世論を反映していると考えられます。

政府の命令を無視した上に、国民からも支持されていなかったら、関東軍は反乱軍として鎮圧されてしまったでしょう。日本政府は苦々しく思いながらも、国民世論に押し切られ、関東軍の軍事行動を黙認せざるをえなかったわけです。

■大東亜共栄圏の理想

その国民世論の背景にあったのが「大東亜共栄圏」の思想です。この言葉が公式に使われたのは、１９４０年になってからですが、新聞や雑誌には、30年代の初頭から何度も繰り返し出てきています。

満州国建国あたりからすでに、国民の間にはこの思想が浸透し始めていたと考えられます。

これは西洋諸国の植民地となっているアジア諸国を、日本の手で解放し、対等な友人として、ともに手を取り合って、共存・共栄していこう、という思想です。

この背景には、天皇のもとで、全世界を一つの家とする、という「八紘一宇（はっこういちう）」の考え方があります。

具体的には、現在植民地となっているアジア諸国に日本軍を派遣し、宗主国の軍と戦ってこれを追い出し、日本の統治のもとでインフラと国内産業を整備し、独り立ちできるようになったら独立させて、対等な国家として友好関係を築いていこう、ということです。

こうすることによって、西洋諸国からの収奪にあえいでいるアジア諸国を解放し、自立した独立国として共存・共栄が図れるということですね。

この思想の後押しを受け、まずは関東軍が中国国内に進出します。当時の中国は名目上、中華民国が統治してはいましたが、事実上はイギリス・フランス・ドイツ・ロシアの植民地ですから、まずはこれらの国々を追い出し、日本の統治下において各種投資を行って国力を取り戻そうというわけです。

関東軍は１９３７年には、当時の中華民国の首都であった南京を占領しました。現在の中国は、日本軍が南京城内で一般市民30万人を虐殺したと主張しています。

しかしそんなことがあるはずありません。そもそも人口20万人の都市で、どうやって30万人虐殺するのかという話は置いておきましょう。

日本軍は植民地解放を旗印に戦っていました。これは宗主国の収奪から植民地の住民を守ることを意味します。

このため、日本軍は厳しい軍規のもとに統制され、戦地において略奪・破壊などは一切行っていません。もちろん民間人を殺害することなんてありえません。

南京ではもちろん一般人に成りすました兵士、すなわち民兵と戦って殺したことはありますが、これは正当な戦闘行為にすぎません。純粋な一般人は一人たりとも殺してはいません。詳しくは、前掲拙著『バンザイのひみつ』をご参照ください。

西洋諸国の視点

毎度のことですが、日本軍の中国進出は西洋諸国からはどう見えるでしょうか。もちろん、日本が次々と自らの植民地を広げていっているように見えます。

すでに中国に植民地を持っていたイギリスやフランス、ドイツやロシアにとっては、日本は自分たちの植民地を強奪した泥棒のように見えます。

また新たに中国に植民地を築きたいと思っていたアメリカは、ともに中国に進出しようと日本と約束したから日露戦争の終戦の仲介までやってあげたのに、日本は約束を破って中国を独り占めにした、許せない、と考えます。

日本にしてみれば、お前に中国を分割して渡したら、植民地にして収奪するだろ、俺たちは植民地を解放しようとしてるんだ、やろうとしてることが全く違うんだよ、ということなのですが、アメリカをはじめとする西洋諸国にはこの考え方は理解できません。

結局西洋諸国は、新たに出現して我々の植民地を荒らす、日本という宗主国を何とかしなければならない、と考えるようになるわけです。

■大東亜戦争の勃発

1939年9月1日、ドイツがポーランドに侵攻し、これに対してイギリス・フランスが宣戦を布告、第二次世界大戦が始まりました。その後ヨーロッパ各国がこの戦いに参戦し、文字通りの世界大戦となります。

しかしこの時点ではまだ日本やアメリカは参戦していません。日本はドイツ・イタリアと三国同盟を結んでいましたが、これらの諸国とは全く戦争目的が違います。

ドイツ・イタリアの戦争目的は、第一次世界大戦のリベンジです。第一次世界大戦で負けて植民地・領土を失った国が、それを取り戻すために戦いを仕掛けたわけです。

日本がドイツと同盟を結んだのは、もし戦争になった時にドイツにロシアをけん制してもらい、満州背後の安全を図ろうという保険の意味です。イタリアは付録のようなものです。

アメリカはルーズベルト大統領が選挙で不戦を公約してしまっていたので、参戦できず、対ドイツ戦参戦のために日本に盛んにちょっかいを出すようになりました。

日本にまず手を出させて、対日戦に突入してから、日本と同盟を組んでいるドイツを攻撃しようということです。

ここでいろいろ紆余曲折はあったのですが、結局日本はアメリカの挑発に乗り、戦争に突入することを決意しました。

戦争目的は、アジアの植民地の解放です。

アメリカの視点

アメリカから見ると、日本の掲げた戦争目的はとんでもないことです。もしこれが実現されてしまったら、自分たちが今までやってきた行為が、とんでもない悪事であることがばれてしまいます。

これはもちろん他の西洋諸国にとっても同じです。植民地を解放されてしまったら、自分たちが植民地から収奪できなくなってしまうばかりか、それまで植民地でどんなにひどいことをやってきたかが白日の下にさらされてしまうわけですから、絶対に日本はたたきつぶさなければならないわけです。

カバール・ディープステートの視点

これまでに述べたように、植民地主義は、ディープステートの全世界支配戦略の第1弾でした。

自分たちの支配下にある西洋キリスト教諸国が、他の地域をすべて植民地として支配すれば、全世界支配戦略の完成です。

あとは宗主国同士を戦わせて植民地の奪い合いを行わせながら、永遠に戦乱が続く世界を作っていけばいいわけです。

しかしあと少しでこれが完成するという時に、現れた邪魔者が日本です。

日本の言う通り、本当に植民地の解放なんてやられた日には、全世界支配戦略が失敗するだけでなく、これまでの５００年間にわたる苦労がすべて水の泡です。

何としても、日本はたたきつぶさなければならない、ということです。

植民地解放作戦開始!!

1941年12月8日、日本海軍空母機動部隊はハワイ真珠湾を急襲、日本とアメリカは戦争に突入しました。

現在では第二次世界大戦の一部とされているこの戦いを、日本は、アジアの植民地を解放し、大東亜共栄圏の理想を実現するための戦いという意味を込めて、

「大東亜戦争」

と呼んだのです。

第二次世界大戦の真実 5

日本は二次大戦に勝利していた⁉

大東亜戦争の帰趨とその後①
マレー沖海戦と
マレーシアの独立

■開戦3日の大戦果

大東亜戦争における緒戦は、１９４１年12月8日のハワイ真珠湾攻撃が有名ですが、実は日本がこの日に攻撃したのは真珠湾だけではありません。

同じ12月8日の真珠湾奇襲よりも前に、陸軍がマレー半島（イギリス植民地）に上陸し、海軍はハワイと同時に、フィリピン（アメリカ植民地）および香港（イギリス植民地）を攻撃しています。4方面同時攻撃だったわけです。

3日目の12月10日には、イギリス東方艦隊との間で、マレー沖海戦が行われます。ここで日本海軍は、イギリスのプリンス・オブ・ウェールズおよび、レパルスの2隻の戦艦を含む、艦隊をすべて撃沈します。日本側はほぼ損害なし、という大勝利でした。

■マレー沖海戦の後世に与えた影響

このマレー沖海戦は、その後の世界の趨勢（すうせい）に大きな影響を与えました。

まずは、この海戦は、航空機のみの攻撃によって戦艦を撃沈した、人類史上初の戦いでした。これはのちの海戦の手法に革命をもたらします。

そしてそれ以上に大きな意味を持ったのは、マレー沖海戦は、植民地の人々の目の前で、有色人種が宗主国の白人に正面から戦いを挑んで、完全勝利を収めた、初めての戦いであったということです。

20世紀初頭の時点で、白人たちは有色人種たちの国をほぼすべて植民地とし、支配と収奪を行っていました。植民地の人々はそれまで何度も反乱を起こしましたが、その度にすべて鎮圧されていたのです。

この状態が長く続いたので、白人は有色人種よりも優れた人種であり、有色人種が白人に戦いを挑んでも絶対勝てないのだ、という考え方が、有色人種の間に根づいてしまっていました。

しかし、マレー沖で、日本が、東南アジアの人々が見ている目の前で、イギリス艦隊を撃沈したことで、この「白人の呪縛」が解かれ、有色人種であっても白人に勝てる、という確信を、アジアの人々に持たせることに成功したのです。

■マレーシアの独立

現在マレーシアとなっているマレー半島およびシンガポールは、１８７４年以来、イギリス領マラヤとして、イギリスの植民地となっていました。

この地域は今も昔も、錫（すず）の世界的大産地です。

イギリスは、この地で華僑に錫鉱山を開発させ、マレー人の農民を強制労働させて、錫の採掘を行っていました。

マレー人たちは、何度も反乱を試みましたが、その度に鎮圧され、白人は優れた人種であり、アジア人は白人には勝てない、と思い込み、イギリスの収奪を受け入れていました。

この状態で、１９４１年12月がやってきました。日本軍がマレー半島に攻め込み、マレー沖海戦が行われました。

マレー人たちは、日本は白人には勝てないだろうと思っていたのですが、その予想に反し、日本軍はマレー人たちの目の前で、プリンス・オブ・ウェールズとレパルスを撃沈し、イギリス太平洋艦隊を全滅させました。

その後日本軍は、マレー半島全域を2か月で制圧し、シンガポールに攻め込みました。

シンガポールは難攻不落の要塞と言われていましたが、日本軍はこれを1週間で陥落させ、マラヤ全域を日本の統治下に加えました。

日本はマレー人を一人も殺すことなく、マラヤを占領するイギリス軍とその片棒を担ぐ華僑たちを一掃し、マラヤを同胞として迎え入れたのです。

この件に関して、のちにマレーシア独立戦争を指揮した、マレーシア建国の父と呼ばれるラジャー・ノンチック氏は以下のように回想しています。

「私たちは、マレー半島を進撃していく日本軍に歓呼の声を上げた。敗れて逃げてゆく英軍を見た時に、今まで感じたことのない興奮を覚えた。しかも、マレーシアを占領した日本軍は、マレーシアを日本の植民地としないで、将来のそれぞれの国の独立と発展のために、それぞれの国の国語を普及させ、青少年の教育を行ってくれたのだ」

日本によるマレーシア統治

日本によるマレーシアの統治は4年余りの短いものでした。その統治は、上記のノンチック氏の言葉の通り、植民地として収奪するのではなく、マレー人を同胞として迎え入れ、将来の独立と、その後の自力発展のために協力する形のものでした。

日本本土から投資を行い、インフラを整備し、錫鉱山を開発しました。現地の人たちを正当な賃金で雇い入れ、錫採掘の利益をマレー人に還元しました。

小学校を作り、現地の言葉で教育を行い、識字率を上昇させ、初等教育をいきわたらせました。

この4年間の日本の統治によって、マレー人は生まれ変わりました。白人から一方的に収奪されるのではなく、自分たちの手で白人を排除し、自分たちの手で国家を発展させることができるのだ、という考え方が、マレーシア全土にいきわたったのです。

イギリス再統治とマレーシア独立

１９４５年、日本の降伏後、この地にイギリスが戻ってきました。イギリスはまたもとのように、植民地支配を行い、収奪を行おうと試みました。

しかし、マレー人は、もはや以前のマレー人ではありません。マレー半島全土で反英運動が起こり、各地でマレーシア独立を旗印に、独立軍が蜂起しました。

その独立運動のリーダーとなり、マレーシアを独立に導いたのが、前述のノンチック氏です。

１９５７年、イギリス領マラヤ連邦は、イギリスからの独立を果たしました。

その後、１９６３年、マラヤ連邦に、シンガポール、北ボルネオ、イギリス領サラワクが統合し、マレーシアが成立しました。

１９６５年には、華僑を主体とするシンガポールが、マレー人を主体とするマレーシアから追放される形で分離・独立しました。

■アジア植民地独立に際しての日本の役割

このマレーシア、ひいてはその他のアジア諸国独立に際して、日本はどのような役割を果たしたのでしょうか。

それは1992年に行われた、マレーシアのマハティール首相の以下の演説に如実に表れています。

「東アジア諸国でも立派にやっていけることを証明したのは日本である。そして他の東アジア諸国はあえて挑戦し、自分たちも他の世界各国も驚くような成功を遂げた。東アジア人は、もはや劣等感にさいなまれることはなくなった。いまや日本の、そして自分たちの力を信じているし、実際にそれを証明してみせた。もし、日本なかりせば、世界はまったく違う様相を呈していたであろう。富める国はますます富み、貧しい南側はますます貧しくなっていたと言っても過言ではない。北側のヨーロッパは、永遠に世界を支配したことだろう。マレーシアのような国は、ゴムを育て、錫を掘り、それを富める工業国の言い値で売り続けていたであろう」

ヨーロッパ諸国の植民地となり収奪されていたアジア諸国は、大東亜戦争で、白人の宗主国が、アジア人の日本に敗北するのを目の当たりにしました。

これでアジア人は白人には勝てないという幻想が根底から崩れました。

その後の日本の統治によって、国内産業が発展し、青少年が教育を受け、自分たちの力で国を運営していけるんだという自信を得ることができました。

その後、宗主国が戻ってきた時に、彼らは迷うことなく反乱を起こし、自らの手で宗主国を追い出し、独立を勝ち得ることができたわけです。

この精神的基盤を形成したのは日本であり、日本の大東亜戦争による活躍と、日本統治による国力の発展だったわけです。

日本は大東亜戦争で、アメリカに無条件降伏しましたが、その植民地解放の精神はアジア諸国に確実に根づき、その後の植民地解放をもたらすことができたのです。

第二次世界大戦の真実 

日本は二次大戦に勝利していた!?

大東亜戦争の帰趨とその後②
インドネシアの独立

■オランダとの闘い

さて、それでは他の方面に進出した大日本帝国海軍はどうなったのでしょうか？

インドネシアは当時はオランダ領東インドと呼ばれ、オランダの植民地となっていました。

この地はそもそもナツメグ・丁子（ちょうじ）・肉桂（にっけい）などの香辛料の大産地でした。オランダは１６０２年に、オランダ東インド会社を設立し、この地の植民地経営を本格化させ、香辛料の収奪を行いました。

19世紀初頭には、悪名高き、強制栽培制度を施行し、この地で、サトウキビ、藍、茶、コーヒー、タバコなどの商品作物を栽培させ、利益を上げました。これらの商品作物の強制栽培によって、食料が生産できなくなったため、大量の餓死者が出ました。

オランダ領東インドの人々は何度も反乱を起こしましたが、その度に、オランダ東インド会社軍に鎮圧されてしまいました。

さらに19世紀末には、スマトラ島東岸で、油田の採掘に成功し、現在のロイヤル・ダッチ・シェル社の大発展につながりました。

大東亜戦争直前の時点で、オランダ領東インドの石油の生産量は、８００万トン以上となっており、これは当時の日本の年間石油消費量５００万トンを超えていました。

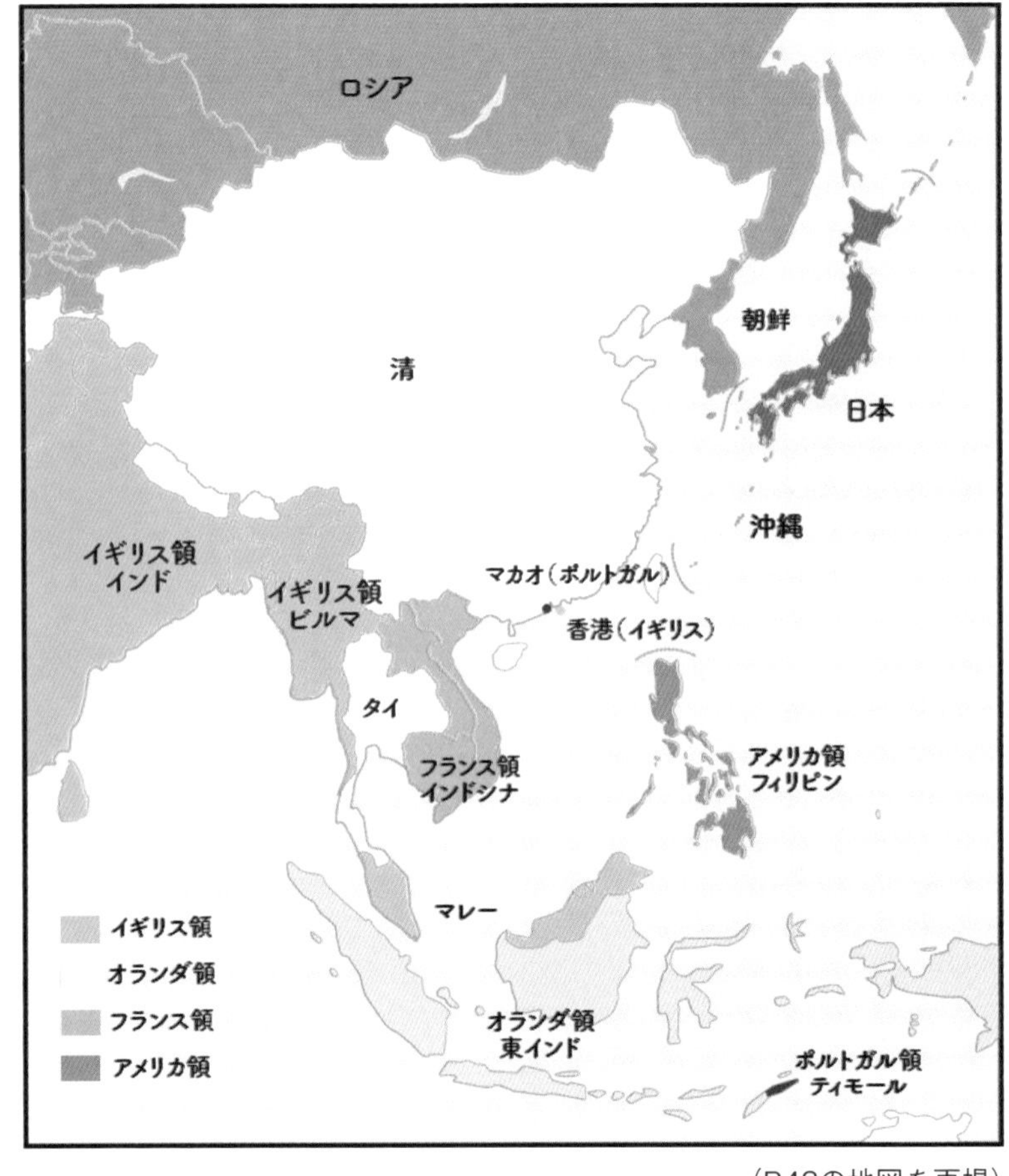
ロシア
清
朝鮮
日本
沖縄
イギリス領
インド
イギリス領
ビルマ
マカオ（ポルトガル）
香港（イギリス）
タイ
フランス領
インドシナ
アメリカ領
フィリピン
マレー
オランダ領
東インド
ポルトガル領
ティモール
イギリス領
オランダ領
フランス領
アメリカ領

（P43の地図を再掲）

アメリカからの石油の輸入を止められていた日本は、石油を確保することが急務となっており、この地の石油を手に入れることが海軍南進の大きな動機の一つとなっていました。

蘭印作戦の開始

大東亜戦争開戦以前の、１９４０年5月の時点で、本国オランダがナチスドイツに占領されて滅亡しており、オランダ領東インドは本国から切り離されて、東インド会社の守備軍が独自に防衛を行っていました。

マレー沖海戦で勝利を収めた日本軍は、翌１９４２年1月11日、オランダ領東インドへの侵攻を開始します。これが蘭印作戦です。

タラカン島から始まった作戦は、その後、ボルネオ島、スマトラ島、バリ島、ジャワ島を制圧し、ジャワ島に迫りました。

2月27日、アメリカ・オランダ連合艦隊とのスラバヤ沖海戦に勝利し、3月1日にはバタビア沖海戦に勝利した日本軍は、ジャワ島に上陸します。

3月8日、日本軍はバンドン要塞を陥落させ、10日、バタビア（現ジャカルタ）に入城、オランダ領東インド全域の制圧に成功します。

■日本のインドネシア統治

この後、日本は1945年8月までインドネシアを統治します。この統治は他の東南アジア地域とは一味違ったものになりました。

インドネシアは、何度もオランダへの反乱を行っており、国内にインドネシア独立を目指す勢力と、独自の軍隊が存在していました。

また非常に民度が高く、教育を受けた市民がたくさんいました。

日本は最初はインドネシアを直接統治するつもりでしたが、これを見て方針を変換し、インドネシア人の手で、この国を独立させ、国家を運営する手助けをすることにしました。

1927年に結成されたインドネシア国民党の指導者で、翌28年に「青年の誓い」を掲げてオランダと戦って流刑になっていた、スカルノを助け出し、彼の軍隊に、日本式の厳しい軍事教練を施しました。

ちなみにデヴィ夫人という方は、このスカルノの第3夫人です。

さらにはこの地の住民が使用していたインドネシアという国号を認め、これを公式に使用しました。

日本は他の地域での統治と同じく、日本資本によるインフラ整備、産業振興、教育の整備はもちろんインドネシアでも行っています。

他の地域での教育は初等教育中心で、現地の言語の読み書きを教えていました。

しかしインドネシアでは、日本は高等教育に力を入れました。日本は、官吏養成学校、士官学校、医科大学、工業学校、農林学校、商船学校などを次々に開設して、3年間のうちに10万人以上の現地エリートの育成に成功しました。

これらの人々は、独立後に国家の中心を担う人材となりました。

日本はインドネシアを同胞として独立させ、ともにアメリカと戦ってくれる仲間として迎えようとしていたのです。

インドネシア独立準備

日本の手によって、インドネシア独立の準備は着々と行われていきました。

日本は1944年9月7日にはインドネシアの将来の独立を認容する「小磯声明」を発表しました。

さらに1945年3月にインドネシア独立準備調査会を発足させ、スカルノやハッタらに独立後の憲法を審議させました。同年8月7日スカルノを主席とする独立準備委員会が設立され、その第1回会議が18日に開催されることになっていました。

■インドネシア独立戦争

しかし、８月15日、日本がポツダム宣言を受諾し、無条件降伏を行ってしまったため、この会議は中止となりました。

この後、オランダが宗主国として再びインドネシアを統治することになりましたが、スカルノはこれにかまわず、８月17日、インドネシア独立宣言を発します。

この時の独立宣言の日付は、「5年8月17日」となっています。「5年」というのは、皇紀２６０５年のことです。

皇紀は初代神武天皇即位から数えた年号で、当時の日本で広く使われていたものです。

この直後から、戻ってきたオランダ軍との間に、インドネシア独立戦争が勃発します。

この独立戦争には、大東亜戦争終戦後、現地に残された旧日本兵3000人が、インドネシア側でともに参戦しました。

彼らはインドネシア軍に武器・弾薬を提供し、自らも最前線に立って、オランダと戦い抜き、実に1000人がこの戦いで戦死しています。

スカルノやハッタを中心とするインドネシア独立軍は、粘り強く戦い抜き、イギリス・オーストラリア・アメリカに外交使節団を送り、国際連合にも働きかけ、ついに1949年12月、ハーグ円卓会議にて、オランダから無条件独立を勝ち取りました。

スカルノは初代大統領に就任し、翌１９５０年インドネシア憲法が制定され、議会制民主主義の国家として国家運営をしていくことになりました。

■インドネシア独立に際しての日本の役割

さて、このインドネシア独立に際して、日本が果たした役割について、当のインドネシア国民はどのように考えているのでしょうか。

プン・トモ、インドネシア情報相が、１９５７年に来日した時の言葉は以下のようなものでした。

「我々アジア・アフリカの有色民族は、ヨーロッパ人に対して何度となく独立戦争を試みたが、全部失敗した。インドネシアの場合は、３５０年間も失敗が続いた。それなのに、日本軍が米・英・蘭・仏を我々の面前で徹底的に打ちのめしてくれた。我々は白人の弱体と醜態ぶりを見て、アジア人全部が自信を持ち、独立は近いと知った。そもそも大東亜戦争は我々の戦争であり、我々がやらねばならなかった戦いであった」

モハメッド・ナチール元首相は次のように述べています。

「アジアの希望は植民地体制の粉砕でした。大東亜戦争は、私たちアジア人の戦争を日本が代表して敢行したものです」

日本は私利私欲のためではなく、アジアの植民地の人々の幸せを願って、命を懸けて、植民地解放のための戦いを遂行しました。

その思いが、いまでもインドネシアの人々の心の中に伝わっているのがわかると思います。

特にインドネシア独立戦争に際して、自ら従軍し、1000人もの戦死者を出しながら最後まで戦い抜いた、残留日本兵の方々には、本当に頭が下がります。

もしも日本がインドネシアを支配して収奪するために戦争を始めたのだとしたら、本国の降伏とともにこれらの兵士はさっさと逃げ帰ってしまっていたでしょう。

日本が本当にインドネシアのためを思い、現地の人々を幸せにしようと考えていたからこそ、彼らは現地に踏みとどまり、命を懸けて戦ったのです。

これについて、サンバス、元復員軍人省長官は次のように述べています。

「特にインドネシアが感謝することは、戦争が終わってから日本軍人約１００0人が帰国せず、インドネシア国軍とともにオランダと戦い、独立に貢献してくれたことである。日本の戦死者は国軍墓地に祀り、功績をたたえて殊勲章を贈っているが、それだけで済むものではない」

現在でもインドネシアでは、毎年8月17日の独立記念日に、盛大な独立記念祭が行われています。

そこでは日本語の歌や、日本をたたえる歌が歌われ、旧日本軍の扮装をした男性が、インドネシア国旗を掲げます。インドネシアの人々は、今でも自分たちを独立に導いた日本に対する、感謝の念を抱き続けています。

植民地解放のために命をささげた、日本の思いは、今でもインドネシアの人々の心の中に、息づいているのです。

第二次世界大戦の真実 

日本は二次大戦に勝利していた!?

大東亜戦争の帰趨とその後③

大東亜会議の歴史的意義

■大東亜会議の開催

大東亜戦争も中盤に差し掛かった、１９４３年11月５～６日、東京にて、大東亜会議が開催されました。

参加国および出席者は以下の通りです。次ページの写真左から、

ビルマ国　バー・モウ（首相）
満州国　張景恵（首相）
中華民国　汪兆銘（行政院長）
日本　東条英機（首相）
タイ王国　ワンワイタヤーコーン親王（首相代理）
フィリピン共和国　ホセ・ラウレル（大統領）

インド　チャンドラ・ボース（自由インド仮政府首班）

■参加国の特徴

これら参加国に共通の特徴は、アジアにおいて、主に日本の力で、欧米の植民地から脱した、もしくは脱する予定の、独立国であるということです。

この中で日本およびタイは最初から欧米の植民地になっていません。

タイ王国は、欧米各国の植民地の間

大東亜会議

の緩衝地帯として、植民地化を免れました。

大東亜戦争開戦後、タイ王国は１９４１年12月21日に、日泰攻守同盟条約を締結し、翌42年1月25日、アメリカ・イギリスに宣戦布告しています。日本から見ると、タイはともにアメリカと戦う頼もしい同盟国だったわけです。

満州国と中華民国は、すでに述べたように真珠湾攻撃以前に日本が解放した独立国です。この時までに日本は、大東亜共栄圏の範囲を中国にまで広げ、満州事変以降をすべて大東亜戦争とするという閣議決定を行っています。

ビルマとフィリピンは、大東亜戦争開始後に日本がそれぞれの宗主国であったイギリスとアメリカを追い出し、直接統治を経て、独立させた国家です。

ビルマは１９４３年8月1日、フィリピンは同年10月14日にそれぞれ独立しています。

インドはこの時点でまだイギリスの植民地でしたが、チャンドラ・ボースが日本に亡命し、当時日本領のシンガポールで、自由インド仮政府を樹立していました。

自由インド仮政府は、将来のインド独立を目指し、アンダマン諸島とニコバル諸島を統治していました。

日本はインドを大東亜共栄圏に組み込まない意志を示していましたので、チャンドラ・ボースは、オブザーバーとして、この会議に出席しています。

マレーシアやインドネシアはどうしたの？　ということですが、これらの地域および、朝鮮、台湾、その他太平洋諸国はこの時点では「日本」に含まれています。

この会議への参加国を今後次々と独立させて、ともに大東亜共栄圏のメンバーとして共存・共栄を図る予定でしたが、この時点ではまだ独立していないということです。

というわけで、この会議は、日本が提唱する大東亜共栄圏の全地域そろい踏みの会議であるというわけです。

インドネシアに関しては、日本は数年後の独立に向けて準備を進めていましたので、大東亜会議には出席していませんが、会議の翌日、スカルノとハッタが来日し、皇居に招かれて昭和天皇と会見しています。

■大東亜共同宣言の内容

この会議では各国の代表が発言した後、会議が行われ、最後に大東亜共同宣言が全会一致で採択されました。その内容は、次のようなものです。

「そもそも世界各国がそれぞれその所を得、互いに頼り合い助け合ってすべての国家がともに栄える喜びをともにすることは、世界平和確立の根本である。しかし米英は、自国の繁栄のためには、他の国や民族を抑圧し、特に大東亜（東アジア）に対しては飽くなき侵略と搾取を行い、大東亜を隷属化する野望をむきだしにし、ついには大東亜の安定を根底から覆（くつがえ）そうとした。大東亜戦争の原因はここにある。

大東亜の各国は、互いに提携して大東亜戦争を戦い抜き、大東亜諸国を米英の手かせ足かせから解放し、その自存自衛を確保し、次の綱領に基づいて大東亜を建設し、これによって世界の平和の確立に寄与することを期待する。

1．大東亜各国は、協同して大東亜の安定を確保し、道義に基づく共存共栄の秩序を建設する。

2．大東亜各国は、相互に自主独立を尊重し、互いに仲良く助け合って、大東亜の親睦を確立する。

3．大東亜各国は、相互にその伝統を尊重し、各民族の創造性を伸ばし、大東亜の文化を高める。

4．大東亜各国は、互恵のもとに緊密に提携し、その経済発展を図り、大東亜の繁栄を増進する。

5．大東亜各国は、すべての国との交流を深め、人種差別を撤廃し、広く文化を交流し、すすんで資源を開放し、これによって世界の発展に貢献する」

今読んでも素晴らしい内容ですね。

日本人はこの宣言を読んで、「なんだ、当然のことを言ってるな」と思う方が多いと思います。しかしこれはそれまでの国際会議の常識を覆す画期的な宣言なのです。

というよりも、それまでの国際会議の常識が、日本人の感覚からかけ離れたものであったと言ったほうがいいかもしれません。

国際会議の常識とは

世界初の国際会議は、１６４８年に行われた、30年戦争の講和会議であるウエストファリア会議であると言われています。

それ以来、国際会議というのは、基本的に、各国間の騙（だま）し合いです。

欧米諸国は基本的には上下関係しか理解できません。どの国が、どの国を支配して、言うことを聞かせ、搾取するかという発想です。

そして欧米諸国同士の関係は、「パワーバランス」です。

これは要するに、こっちが戦いを仕掛けても向こうは反撃してくる、おそらくどちらも相手を倒しきれないので、大きく消耗するだろう、だったらまだ攻め込まないほうがいいな、と言って、にらみ合いを続けるという発想です。

逆に言うと、パワーバランスが崩れた時、すなわちどちらか一方が他国を凌駕するようになった時は、ためらわずに攻め込んで、相手を支配下に置こうと狙っているということです。

国際会議というのは、パワーバランスの確認の場であると同時に、ぎりぎりパワーバランスを保ったうえで、相手からどれだけの利益を引き出せるかという交渉の場だったわけです。

ですから国際条約には、その利益配分の結果が記載されるのが常です。○○島はどちらの領土である、とか、○○は○○に○○についての権利を認める、とかですね。

大東亜共同宣言の条文には、このようなことは一言も書いてありません。みんな仲良く助け合って、発展していこうね、と書いてあるだけです。

これは加盟国が支配・被支配の上下関係ではなく、友愛と助け合いに基づく対等な関係であることを示しています。このような国同士の関係は、それまでの世界には存在しなかったものです。

さらにはそれまでの植民地主義における欧米諸国の行為が、搾取であり、他国を隷属化させる野望であるとはっきりうたっています。

これも画期的なことです。それまで欧米諸国の悪事を面と向かって指摘した国は一国もなかったわけですから、日本がこれを指摘し、これから脱した国同士で、助け合っていこうと宣言したというわけです。

■参加国の認識

では、この会議に実際に参加していた各国は、これらについてどう考えていたのでしょうか。それは会議における各国代表の発言を見ればよくわかります。

ビルマのバー・モウ首相は、このように演説しています。

「私はアジアの夢を見続けて参りました。私のアジア人としての血は、常に他のアジア人に呼び掛けてきたのであります。昼となく夜となく、私は自分の夢の中で、アジアがその子供に呼び掛ける声を聞くのを常としましたが、今日この席において私は、はじめて夢に非ざるアジアの呼声を現実に聞いた次第であります。我々アジア人は、この呼声、我々の母の声に応えてここに相集うて来たのであります」

ここで「我々の母の声」という時の「母」とは、日本のことです。ビルマは、日本によって、イギリスの植民地から解放され、独立したことをはっきり認識し、日本を母として扱っているわけです。

中華民国の汪兆銘（おうちょうめい）は、こう述べています。

「本年1月9日以来、日本は中国に対し、早くも租界（そかい）を還付し、治外法権を撤廃し、ことに最近に至り日華同盟条約をもって、日華基本条約に代え、同時に各附属文書を一切廃棄されたのであります。国父、孫先生が提唱せられました大アジア主義は、すでに光明を発見したのであります。孫先生が日本に対し、切望致しました所の、中国を扶け、不平等条約を廃棄するということも、すでに実現したのであります」

「重慶（蔣介石政府のこと）は他日必ずや、米英に依存することは東亜に反逆することになり、同時に国父孫先生に反逆することとなるべきを自覚し、将士及び民衆もまたことごとく翻然覚醒する日の到来することは必定たるべきことを断言しうる次第であります」

西洋諸国と異なり、日本は中華民国を対等な仲間として接し、支配するという感覚がないことをしっかりわかっていますね。さらに日本による中華民国への進撃は、宗主国を追い出し、中華民国を解放するためだったということを、中華民国の汪兆銘自身がしっかり認識していたことがわかります。

インドのチャンドラ・ボースは、こう語っています。

「大東亜共栄圏の建設は『全アジア民族、全人類の重大関心事』で『強奪者の連盟に非ずして真の国家共同体への道を拓くもの』であり、(大東亜会議の)出席者各位は、新日本、新アジアの建設者としてのみでなく、新世界の建設者として永くその名を歴史に止められるであろうことを、私は確信するものであります」

こちらも日本が提唱する大東亜共栄圏の思想をよく理解し、心からそれに賛同していることが伝わってくる演説ですね。

■大東亜会議による国際関係の転換

でも今は対等な国際関係なんていくらでもあるじゃん、EUだってASEANだって、ファイブアイズだってそうだし、2国間の条約だって、平和と友好をうたってるじゃん、と言っている方。

まさにそれこそが、大東亜会議の功績なのです。

第二次世界大戦前は、支配と被支配の関係に基づく国家関係の下に、権利の配分を決めていた国際会議、国際条約が、第二次世界大戦後は、対等な国家関係の下に平和と友好実現のための協力事項を決めるものに一変しているのです。

この国際関係を一変させるきっかけとなった、対等な国家間関係に基づく最初の国際会議が大東亜会議であり、平和と友好実現のための協力関係を定めた最初の国際条約が大東亜共同宣言なのです。

日本の無条件降伏により、予定されていた2回目の大東亜会議が実現されることはついにありませんでした。

しかし会議の精神は今も生き続け、世界の国家間の関係はこの会議が意図した通りのものとなっているのです。

第二次世界大戦の真実 

日本は二次大戦に勝利していた⁉

大東亜戦争の帰趨とその後④
インパール作戦とインド独立

■インパール作戦は破れかぶれの特攻？

大東亜戦争も終盤に差し掛かった、１９４４年３月、ビルマに駐屯していた日本陸軍は、隣接するイギリス領インド東部の都市、インパールに向けて進攻を開始しました。これがインパール作戦です。

作戦の目的は、インドを経由した、蔣介石率いる中国国民党への補給路（援蔣ルート）を遮断することでした。

この作戦は、日本軍将兵にとっては地獄の行軍となりました。

日本軍は3個師団でビルマから、インドに突入したのですが、まずはビルマ国境を流れる、橋のないチンドウィン川を渡河し、３０００メートル級の山々が連なるアラカン山脈を越えなければなりません。

この時点で多くの死者が出て、補給物資を失い、とりあえずコヒマの町は落としたのですが、インパールに向かう道のりで戦線は膠着(こうちゃく)します。

制空権を持っているイギリスからの爆撃が降り注ぐ中、補給が途絶え、大量の餓死者が発生し、玉砕する部隊が続出します。

7月1日に作戦は中止され、生き残っ

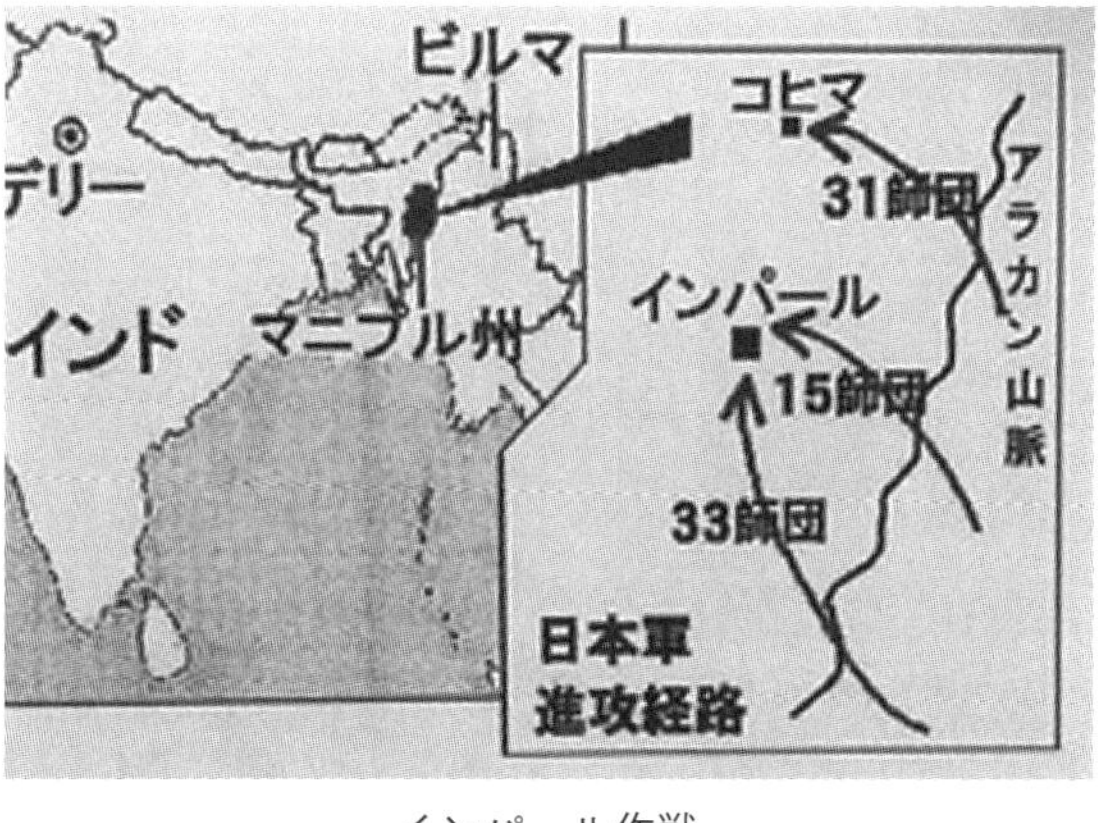

インパール作戦

た兵士たちは元来た道を食料なしで引き返し、またもやアラカン山脈越えで大量の死者が出ます。

このあたりの事情は『ビルマの竪琴』に詳しく述べられています。

結局9万人以上の死者を出し、作戦は失敗しました。これに対するイギリス軍の戦死者は49人。この作戦の失敗により、その後の連合軍のビルマ侵攻を許し、ビルマ陥落の原因となってしまいました。

このような事情から、日本軍内でインパール作戦は「史上最悪の作戦」と呼ばれることになりました。

インド国民から見たインパール作戦

しかし日本史上最悪の作戦と呼ばれるインパール作戦も、当のインド人民から見ると、全く様相が変わってきます。

これを説明するためには、当時のインドの状況を理解しておく必要があります。

■イギリス植民地としてのインド

１８００年代前半から、インドはイギリスの植民地となっていました。イギリスから流入した安い綿織物は、インドの綿産業を壊滅させ、１８４０年のアヘン戦争以降は、イギリスによる中国向けの、アヘンの強制栽培が行われていました。

インドの富はすべてイギリスに収奪され、19世紀末には、大規模な飢饉が立て続けに発生し、何千万人の餓死者が出ました。

インド国民は何度もイギリスに対して反乱を起こしましたが、その度に鎮圧され、インドの人々の間には、戦っても無駄だ、アジア人は白人には勝てない、というあきらめのムードが蔓延していました。

■インド独立への道

このあきらめムードに一石を投じたのが、1904～05年に行われた日露戦争です。

アジアの黄色人種の国である日本が、白人国家のロシアに勝った、という事実は、インドの人々を奮い立たせ、インド国内に本格的な独立運動が生じてきました。

１８８５年に設立されていたインド国民会議が独立運動を活発化させ、これによってイギリスが１９０５年に発したベンガル分割令が廃止されました。

１９１６年にはジンナーらによる全インド自治連盟が結成され、１９１９年からは、マハトマ・ガンジーによる非暴力不服従運動が始まりました。

ガンジーの運動は、一定の成果を上げましたが、やはりイギリスからの独立を果たすための決め手を欠いていました。チャンドラ・ボースはこの運動に身を投じていましたが、１９２１年に、

「ガンジーの武力によらぬ反英不服従運動は、世界各国が非武装の政策を心底から受け入れない限り、高遠な哲学ではあるが、現実の国際政治の舞台では通用しない。イギリスが武力で支配している以上、インド独立は武力によってのみ達成される」

と述べて、この運動から離れていきます。日本ではインド独立におけるガンジーの役割が強調されていますが、実際にはガンジーが精神的支柱となり、チャンドラ・ボースが軍を率いて戦い、この両輪によって、独立が達成されたということができます。

■大東亜戦争の発生

そして1941年12月、大東亜戦争が発生し、日本軍はマレー半島に攻め込みました。マレー沖海戦で日本は、アジアの人々が見ている前で、不沈艦と言われていたイギリスの、プリンス・オブ・ウェールズとレパルスを撃沈し、イギリス艦隊を壊滅させます。

インドの第2代大統領を務めた、ラダ・クリシュナンはこれについて以下のように述べています。

「インドでは当時、イギリスの不沈戦艦を沈めるなどということは想像もできなかった。それを我々と同じ東洋人である日本が見事に撃沈した。驚きもしたが、この快挙によって東洋人でもやれるという気持ちが起きた」

その後、日本はインド方面への進攻を本格化させ、1942年4月にはセイロン沖海戦で連合国海軍を破り、インド洋のイギリス海軍を大きく後退させました。

その後チャンドラ・ボースは日本に亡命し、昭南島（シンガポール）で自由インド仮政府を結成し、アンダマン島とニコバル島を軍事占領しています。

ボースは43年11月に行われた大東亜会議にも出席し、インド独立に向けた熱い思いを述べていましたね。

■インパール作戦実行

そしてインパール作戦です。

インド解放を掲げ、アラカン山脈を越え、突入してきた日本軍を見て、インドの国民は驚愕しました。

まさか、外国人が、命を懸けて、自分たちの解放のために戦ってくれるとは夢にも思っていなかったからです。

日本軍はイギリス軍と正々堂々、真正面から戦い、そして散っていきました。

インドの民衆は考えました。なんで日本が自分たちのために、命を懸けて戦っているのに、自分たちは何もしないのか、インド独立のために命を懸けて戦わなければならないのは、自分たち自身ではないのか、と。

そしてついにインドの民衆は、武器を持って立ち上がったのです。

それまでは、インド国内外の独立勢力がイギリスと戦い、一般の民衆は指をくわえてこれを見ているだけでした。

しかし、インパール作戦で命を懸けて戦う日本軍を目の当たりにして、ついに一般民衆自身が、鍬や鎌や竹やりを持って、立ち上がり、イギリス相手に戦うようになったのです。

のちにチャンドラ・ボースは、独立運動に際して、実際にインド国民が立ち上がり、イギリスと戦い始めたのは、日本のインパール作戦で、日本軍が多大な犠牲を払って、インドを救おうとしたのを見たからだ、と語っています。

■インド独立戦争開始

インパール作戦は失敗し、日本軍は撤退、それを追ってイギリス軍はビルマに突入しました。

このビルマに突入したイギリス軍と、チャンドラ・ボース率いるインド国民軍の戦闘が始まります。

ところが、その後日本は無条件降伏し、イギリス軍がインドに帰ってきました。

そして１９４５年11月、インド国民軍の将校３人が、「国王に対する反逆罪」で、イギリスによって処刑されることになりました。

これを聞いたインド民衆は、各地で蜂起し、イギリスに反旗を翻し、大暴動が勃発します。

１９４６年、ジンナーの指揮の下、インド民衆によって、カルカッタのイギリス人が殲滅（せんめつ）されます。

これを受けて、イギリスはインドの独立を容認、翌1947年8月15日、イギリス領インド帝国は解体され、インドおよびパキスタンが独立を達成しました。

■インド独立に際しての日本の役割

1946年、大暴動の最中に、インド弁護士会会長のグラバイ・デサイは次のように述べています。

「インドは程なく独立する。その独立の契機を与えたのは日本である。インドの独立は日本のお蔭で30年早まった。これはインドだけではない。インドネシア、ベトナムをはじめ東南アジア諸民族すべて共通である。インド4億の国民は深くこれを銘記している」

白人には絶対勝てないと思っていたインド民衆は、日露戦争とマレー沖海戦で、自分たちでも勝てると思いなおし、インパール作戦を見て、武器を持って立ち上がることを決意しました。

インド解放のためにインパールに攻め込み、散っていった日本軍将兵たちの思いはインド民衆にしっかりと伝わり、インドの独立を導いたのです。

これはもちろんインドだけではありません。元インド国民軍大佐のハビブル・ラーマンは次のように述べています。

「ビルマ、インドネシア、フィリピンなどの東アジア諸国の植民地支配は一掃され、次々と独立し得たのは、日本がはぐくんだ自由への炎によるものであることを特に記さなければならない」

日本は無条件降伏をしてしまいましたが、大東亜共栄圏の理想と、自由への炎は、アジアの人々の中にしっかり息づき、アジア各国の植民地からの独立を導いたのです。

第二次世界大戦の真実 9

日本は二次大戦に勝利していた⁉

大東亜戦争の帰趨とその後⑤
パラオ独立と植民地の消滅

■相次ぐ植民地の独立

大東亜戦争終結後、アジア・アフリカの植民地は相次いで独立を達成しました。

第二次世界大戦終了直後の１９４６年、フィリピンがアメリカから独立。同年、ヨルダンがイギリスから独立。翌47年、イギリスから、インド、西パキスタン（現パキスタン）および東パキスタン（現バングラデシュ）が独立。48年、イギリスからビルマ（現ミャンマー）、セイロン（現スリランカ）およびイスラエルが独立。49年には、フランスからラオスが（編注：１９５３年に完全独立）、オランダからインドネシアが独立しています。

その後も植民地の独立は続きます。１９５３年、フランスからカンボジアが独立。54年、同じくフランスから、ベトナム独立。56年には、アフリカにおいて、イギリスからスーダン、フランスからチュニジアとモロッコが独立。58年にはフランスからギニアが独立。

その後、60年にはアフリカでカメルーン、セネガル、マダガスカル、コンゴ、コートジボワール、ナイジェリアなど多くの国々が独立し、この年はアフリカの年と呼ばれるようになります。

その後も植民地の独立は続き、結局１９９４年、最後に残った植民地であるパラオがアメリカから独立し、地球上に植民地はなくなるのです。

大東亜戦争とパラオの独立

パラオは日本列島のちょうど真南、フィリピンとパプアニューギニアの中間あたりの太平洋上に浮かぶ、島国です。

ここはそもそも16世紀からスペインの植民地となっていました。この時スペイン人が持ち込んだ天然痘によって、パラオの人口の90%が死んでしまったと言われています。

その後、米西戦争に敗北したスペインは、

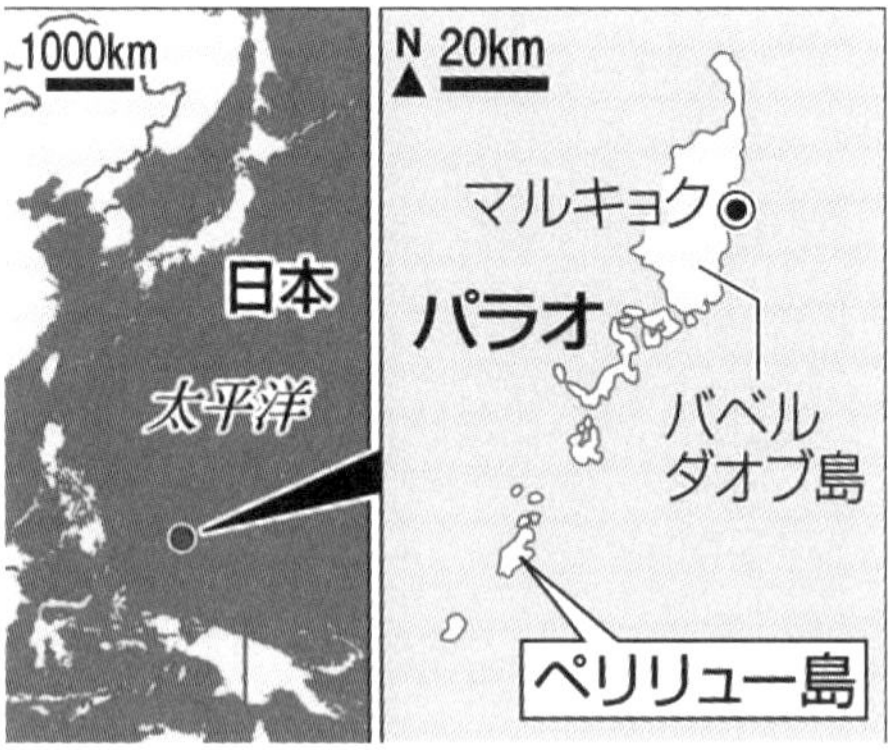

パラオをドイツに売却します。１８９９年以降、パラオはドイツ領ニューギニアの一部となります。

このドイツによる統治は極めて過酷なものでした。

ドイツは、「産業振興」と称して、ココナッツ・タピオカの強制栽培、リン鉱石の強制採掘を行いました。しかしインフラ整備、教育などには、全くの無関心であり、現地の人々の義務教育すら行いませんでした。

過酷なドイツの統治に対して、各地で反乱が勃発します。当時の様子を知るパラオ人の方は次のように述べています。

「ポンペイ島では、強制労働への反発からドイツと戦争のような事態になりました。この件ではドイツ人の知事も殺されました。パラオの人も反乱を起こしました。あまりにもひどい扱いを受けましたからね。ドイツ人はパラオの人を処刑する時はみんなが見ている前でやるんです。反乱を起こしたうちの３人のパラオ人が撃たれた。それをパラオ公園にある大きな木に吊るしたんです。日本人はそんなことしませんでした」

■日本による統治

パラオの運命の転機となったのは、第一次世界大戦でした。日本は連合国の一員としてドイツに宣戦布告、パラオを含むドイツ領ニューギニアを占領します。

戦後、１９１９年、パリ講和会議において、パラオは日本の委任統治領となりました。ここから１９４４年まで、パラオは日本による統治を受けることになります。

日本による統治はとても穏やかなもので、例によって、日本から資金を流入させて、インフラ整備、産業振興、学校・病院の拡充が行われました。日本統治の間にパラオの人口は、２万人から５万人に増加しました。

パラオの統治において特筆すべきことは、日本から多数の日本人がパラオに移住し、現地の人々と一緒に生活していたということです。

現地の子供と日本人の子供が、学校で机を並べて学習し、先生はパラオ人と日本人に区別をつけず、どちらも同じように接しました。

日本人の移住者はパラオ人を自宅に招き、家族ぐるみの交流を行いました。スペイン、ドイツの統治時代にはパラオ人が宗主国の人の自宅に入ることなど考えられないことだったので、パラオ人は驚きました。

■ペリリュー島の戦い

平和だったパラオも、大東亜戦争が始まり戦況が進んでいくと、ついに戦火に巻き込まれることになります。

開戦当初、快進撃を続けていた日本は、42年6月のミッドウェー海戦以降、アメリカ軍の反攻を受けることになります。

44年6月のマリアナ沖海戦で、ほぼすべての空母を失ってしまった日本は、アメリカの航空戦力に対抗するすべがなくなります。

サイパン、グアムを占領したアメリカ軍は、9月15日、パラオに迫ります。パラオにおいては主にペリリュー島を舞台に、1万人の日本軍と、4万800

0人のアメリカ軍との間に死闘が行われました。

これに先立ち、パラオの住民は、自分たちに良くしてくれた日本軍とともに戦うと申し出ます。

しかし、日本軍はこの申し出を断り、パラオ住民を洞窟に避難させ、日本軍単独でアメリカ軍に立ち向かいます。

結局72日間の死闘の末、日本軍は全滅し、パラオはアメリカ軍の手に落ちましたが、この戦いで死んだパラオ人は一人もいませんでした。

■アメリカの信託統治

戦後パラオは国連の信託統治領となり、アメリカの統治のもとに置かれました。アメリカはパラオに圧政を敷き、日本時代に行われていた産業振興のための投資はほとんど行われなくなりました。

アメリカはパラオ人に対し、パラオ国内に残る日本文化を徹底的に破壊し、日本国内でしたのと同じように、日本をたたく教育を行いました。

パラオ各地に残る神社を破壊し、日本が残した文書やインフラを破壊しました。

学校では、「日本は自分たちの野望を満たすためにアジアを侵略した」「日本は多くのパラオ人を虐殺した」と、長期にわたって教え込みました。

しかし、日本国内と異なり、パラオ人は、このアメリカの刷り込みに全く影響を受けませんでした。

パラオ人たちは、「日本の統治時代が一番素晴らしかった」「何があっても我々は日本を愛している」と、言い続けたのです。

■パラオの独立

パラオ住民は、静かにアメリカに対して抵抗し続けました。79年に、アメリカの核兵器持ち込みを住民投票で否決すると、アメリカは業を煮やし、81年、自治国である「パラオ共和国」を成立させました。

しかしこの共和国には外交権がなく、アメリカが引き続き外交を担当し、軍隊を駐留させるという形の、傀儡(かいらい)国家でした。

このパラオ共和国を真の独立に導いたのが、第6代大統領の中村國雄（在位1993～2001）です。

ちなみに中村大統領は、日本人の父とパラオ人の母とのハーフです。パラオには今でも多くの日系人が住んでいますが、純粋なパラオ人の中にも、ハルオさんやテルコさんなど、日本人のような名前の方はたくさんいます。

公用語は英語とパラオ語ですが、パラオ語には日本語由来の単語がたくさんあります。「ダイジョーブ」「アリガトウ」「コンニチハ」「アクシュ」「アツイネ」「ムリ」などの単語がそのままの意味で使われています。

パラオ独立のためには国連信託統治を終了させる必要がありました。1982年、アメリカはパラオとの間に50年間有効の自由連合盟約を結んでおり、これを承認しない限り信託統治は終了しません。

しかしこの自由連合盟約の承認には、住民投票における75%以上の賛成が必要であり、このため過去7度の盟約承認の試みはすべて失敗していたのです。

中村大統領は、92年に憲法を改正し、自由連合盟約の承認に必要な条件を住民投票における50％の賛成に修正し、アメリカと粘り強く交渉を進め、ついに94年、盟約の承認に成功、パラオにおける国連の信託統治は終了し、パラオは独立することになります。

その時制定された新生パラオの国旗は左上の図のようなものです。

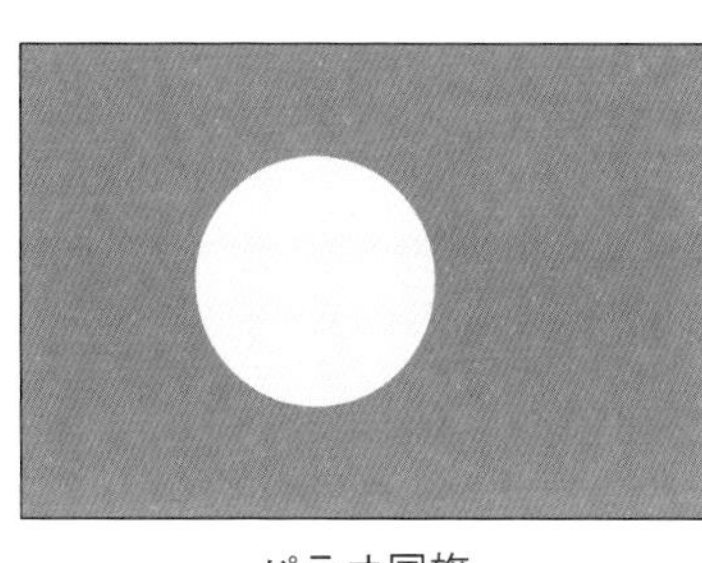

パラオ国旗

日の丸にとてもよく似ていますね。

青い海に黄色の満月を図案化したものです。満月は中央から少し左に寄っていますね。

この国旗の元ネタはもちろん日の丸です。これは日本に敬意を表したものです。しかし日本の太陽を月に変えたのは、日本が太陽ならば我々は太陽に照らされて輝く月であるという意味だそうです。

少し左に寄っているのは、真ん中にしたら日の丸と全く同じ図案になってしまい、日本に対して失礼である、という配慮からなされたそうです。

最後に中村大統領の後に大統領に就任したトミー・レメンゲサル氏の日本人へのメッセージを引用しておきましょう。

「日本は第二次世界大戦から今日に至るまでの年月で、敗戦から見事に立ち上がり、それどころか、産業・経済・文化など様々な分野において世界のリーダーとして活躍されています。そんな日本のみなさんのバイタリティが、実は私たちの国パラオを造ったという事実をご存じでしょうか。

終戦までの日本は、数万人におよぶ日本人入植者を送り込み、南洋庁を作り、私たちパラオ人のために様々な教育や産業を伝えました。それはのちに、パラオ独立のための貴重な原動力となりました。そして現在でもパラオの長老たちは、日本のことを内地と呼び、世界で最も親日感情が高い国と言っても過言ではないのです。

多くの日本人はパラオをスキューバ・ダイビングのできるリゾート地としか思っていないような気がする。それではいけないと思う。日本の子供たちにも、パラオの人々が『日本を愛している』と伝えていきたいと思います」

■第二次世界大戦における日本の勝利

この1994年のパラオ独立をもって、地球上の植民地はすべて消滅しました。

日本はアジア植民地の解放を掲げて、欧米諸国を敵に回し、大東亜戦争を戦い抜きました。

日本本国はアメリカに無条件降伏をしましたが、日本の思いは世界に通じ、その後アジア各国が独立を達成し、植民地から解放されました。

そればかりではなく、日本が大東亜共栄圏の中の国として意図していなかった、インドや、遠いアフリカの諸国まで独立を達成し、ついには地球上から植民地が一掃されてしまったのです。

日本は倒れましたが、その戦争目的であった植民地の解放は、これ以上ない形で実現されました。

日本は第二次世界大戦に、完全勝利を収めたのです。

第二次世界大戦の真実 ⑩

日本は二次大戦に勝利していた⁉

戦後の歴史戦によって
日本は悪者にされた

■大東亜戦争の戦果

以上のように、日本は大東亜戦争に大勝利を収めました。

これはもちろん、戦闘そのものに勝利したという意味ではなく、本来の戦争目的であった、植民地の解放に成功したという意味です。

タイ王国の第18代首相（在職：1975〜76）のククリット・プラーモートは、これについて以下のように述べています。

「日本のおかげで、アジアの諸国はすべて独立した。日本というお母さんは、難産して母体をそこなったが、生まれた子供はすくすくと育っている。

今日、東南アジア諸国民が、アメリカやイギリスと対等に話ができるのは、一体だれのおかげであるのか。それは『身を殺して仁をなした』日本というお母さんがあったためである。

12月8日は、我々にこの重大な思想を示してくれたお母さんが、一身を賭して重大決意された日である。さらに8月15日は、我々の大切なお母さんが、病の床に伏した日である。我々はこの2つの日を忘れてはならない」

この言葉に、日本が大東亜戦争で何を成し遂げたのか、それを当のアジア・アフリカ諸国はどう考えているか、が集約されているように思います。

ここまでに様々なアジアの指導者の言葉を紹介してきましたが、今でもアジア・アフリカ諸国の指導者、および国民は、日本が自分たちを植民地から解放してくれたことを認識し、日本に感謝をささげています。

■日本人の罪の意識

しかし、日本人はこれを全くわかっていない人が多いです。

まずは、戦争に至った背景や、戦争目的がわかっていない。そもそも大東亜戦争という名称や、大東亜共栄圏がどんなものかをわかっていない方が多いです。

さらには日本が世界中の植民地を解放させ、西洋諸国の世界奴隷化計画を止めたということもわかっていない。最終的に日本がすべての植民地を消滅させ、戦争目的を達成したことにより勝利を収めたこともわかっていません。

日本人の中には、第二次世界大戦に対して罪悪感を持っている方が現在でもたくさんいます。

彼らは、日本は世界征服の野望を抱き、アジア各国を侵略し、そこでアジアの人たちを虐殺した。日本はこれを深く反省し、被害を与えた方々に謝罪と賠償をしなければならない、と考えています。

これは全く事実に反した考え方です。しかし日本人の多くはこの考え方を信じ込んでしまっている。

なんでこういう事態が起こっているのでしょうか。それは終戦直後からのアメリカによるプロパガンダと、それによって引き起こされた歴史戦に敗れたということが大きいと思います。

■歴史戦の背景

過去に実際に起こった歴史的事実は一つです。しかしその事実をどう解釈するかは、人によって様々です。

後世の人間たちが、事実に意味を与え、歴史を作ります。この意味づけが2つ以上の勢力間で真っ向から異なる時は、お互いの歴史的意味づけを宣伝し合い、多くの人に受け入れられる考え方が、歴史として採用されていきます。この過程が歴史戦です。

歴史戦は近年、韓国や中国がこの単語を使ったために一般的になりましたが、これ自体は紀元前から存在します。ポエニ戦争は、カルタゴから見ると、ローマによる侵略ですが、ローマから見ると、北アフリカの安定の達成でした。結局勝ったローマがこの解釈を広め、ポエニ戦争によるカルタゴの滅亡によって、地中海の平和が保たれた、という歴史になってしまったわけです。

西洋諸国の視点

第二次世界大戦は、西洋諸国にとっては完全に鬼門でした。もしも日本の主張が正しくて、日本が西洋諸国からの簒奪(さんだつ)を受けた植民地を解放したということになってしまえば、５００年間にわたって自分たちがやってきたことが悪だとばれてしまいます。

彼らにとっては、何としても日本を悪者にし、自分たちが日本の侵略行為を防いだという形にしなければならない、そうでなければ、自分たちの悪事がばれてしまう、ということだったわけです。

ディープステートの視点

当時からすでに西洋諸国を中心に、隠然たる勢力をもって世界を操っていたディープステートは、これについてどう考えていたでしょうか。

彼らは西洋諸国を支配し、西洋諸国を植民地支配へと駆り立て、全世界を植民地化することで、世界支配を完成させようとしていました。

植民地主義こそが、ディープステート世界支配戦略の第1弾だったわけです。

しかし日本の抵抗により、この目論見(もくろみ)はもろくも崩れ去りました。これは彼らにとっては大きな誤算でした。

彼らの最大の誤算は、日本が強すぎたことです。ですから彼らはまず、日本の弱体化を徹底的に行いました。将来また同じことをやられたらたまったものではないからです。

それと同時に、世界支配戦略を大きく変更しました。戦争による全世界の支配を試みるのをやめて、経済システムによる全世界からの収奪に方針を変更したのです。

戦争による世界制覇は、日本みたいな国が出てきてぐちゃぐちゃになることがあるから、リスクが高すぎる、と踏んだわけですね。

このディープステートによる経済収奪システムがどのようなものであるかについては、後の章で明らかにしていきたいと思います。

当時の日本の視点

当時の日本がアメリカを中心とする西洋諸国のプロパガンダを受け入れ、戦争に対する罪悪感を抱いてしまった最大の原因は、終戦と植民地の解放の間にタイムラグがあったことだと思います。

大東亜戦争の終戦は１９４５年です。しかしその成果としての植民地の独立は、その翌年１９４６年のフィリピンが最初です。この後、40年代後半から50年代にかけて、アジア諸国が相次いで独立し、60年代以降にアフリカ諸国が独立します。そして最後の植民地であるパラオが独立を果たしたのは実に１９９４年のことです。

戦闘の終了から戦争目的の完全達成まで、50年近くかかっているわけです。特に１９４０年代後半の時点では、大東亜戦争は終わったものの、各国は独立戦争の真っ最中で、植民地の独立という目的は、達成できたのかどうかわからない、という状況が続いていたわけです。

この時の日本国民はどういう気持ちだったのでしょうか？

天皇陛下のためにすべてをささげ、父や夫が戦死し、それでも頑張って欲しいものも買わず、食べ物にも困りながら、勝利を信じて耐えてきたのに、負けてしまった。

国土は焼け野原になり、戦争目的だった植民地の解放も達成できず、アメリカに無条件降伏して占領されてしまった。我々が頑張ってきたのはいったい何だったんだろう、と考えてしまったのは無理もないことだと言えます。

なんでこんなことになったのだろう、やはり天皇と政府と軍部が判断を誤っていたのだ、我々は彼らに騙（だま）されてすべてを失ってしまった、どうしてくれるんだ、という思いが国民の中に巻き起こっていったのは自然な流れだと思われます。

■アメリカの行った歴史戦

このような当時の日本国民の思いを背景に、アメリカが行った一連の情報操作は見事に日本国民の心に突き刺さりました。

アメリカは、天皇陛下に人間宣言を行わせ、東京裁判によって、当時の政府首脳を戦犯として処刑しました。

その後アメリカは、日本国内で、「ウォー・ギルト・インフォメーション・プログラム」と呼ばれる一連のプロパガンダ工作を行いました。

アメリカのシナリオは、軍部が世界征服の野望を抱き、国民を欺き、天皇陛下や政府の意思を無視してアジア各国に攻め込み、征服して、現地住民を虐殺、略奪し、自らの野望を達成した。その野望はアメリカを中心とする連合軍によって、打破された、というものです。

終戦直後の１９４５年12月9日より、ＮＨＫラジオで、「眞相はかうだ」という番組が放送されました。

これはＧＨＱ制作の番組で、上記のシナリオをわかりやすく日本国民に向かって宣伝したものです。日曜夜８時から30分間、１９４８年１月まで放送が続きました。

これ以外にもＧＨＱの様々な宣伝工作によって、上記のアメリカのシナリオは日本国民の間に広く浸透し、日本人の考え方に変化を及ぼしていきました。

当時の日本人は、軍部に騙され、その野望に付き合わされた結果、日本はアジア各国を侵略し、それらの諸国で虐殺・略奪を行ったと信じ込まされました。

この結果、当時の日本人は、もう2度とこんなことが起きないように、軍隊を解散し、政府を厳しく監視し、絶対に他国に戦争を仕掛けないようにしなければならないと思い込みました。

そして大東亜共栄圏の思想は忘れ去られ、大東亜戦争の名称は廃止され、代わりに太平洋戦争と呼ばれるようになりました。

これは西洋諸国にとっては、2重の意味で都合の良い考え方です。

一つは、日本国民に第二次世界大戦において日本が罪を犯したと思い込ませることによって、自分たちが犯した植民地収奪の罪と、日本による植民地解放の事実を隠蔽することができたということです。

もう一つは、戦争においてとんでもない強さを発揮した日本を封じ込め、安心して自分たちの好き放題に他国に戦争を挑めるようになったということです。

■反日左翼と反日マスコミの誕生

この考え方は、当時流行していた左翼思想と結びつき、世界でも珍しい反日左翼が誕生しました。彼らは共産主義を信奉し、軍隊を持たず、非武装中立を主張します。

日本以外の左翼は皆、戦争を肯定し、武力革命を掲げるので、反日左翼というのは非常に珍しい存在だと言えます。

その後誕生した日本国憲法にも、軍隊を持たず戦争をしないという条項が書き込まれ、彼らはこれを信奉するようになります。

新聞・テレビなどのマスコミもこの思想を信奉し、政府を監視し、政府が強くなりそうになるとすかさず反対するのが自分たちの使命だと思い込むようになります。

マスコミは、この思想に反することは一切報道せず、国民の洗脳に精を出すようになります。

結果として、40年代後半以降の植民地の独立を、それが日本のおかげであるという事実は一切報道されず、日本国民は大東亜戦争の戦争目的が達成され、戦争に勝利したことを知らずに生活を続けることになってしまいます。

そしていまだに第二次世界大戦に罪悪感を持ち、アジア諸国に対して、謝罪と賠償を続けようとする人々が多数存在しているというわけです。

これら反日左翼と反日マスコミの影響は、現在に至るまで継続し、日本国の足かせとなってしまっているのです。

第二次世界大戦の真実 ⑪

日本は二次大戦に勝利していた!?

立ち上がれ、日本!!

■日本に施された封印

というわけで、日本人の深層心理に戦争に対する罪悪感が刻印されてしまい、日本は身動きできない状態に陥ってしまったわけです。

しかし、この状況にも徐々に変化が表れてきています。

変化の主な原因は、インターネットとＳＮＳの普及でしょう。

新聞・テレビをはじめとするマスコミは、左翼思想に侵され、日本の国益を害して国力を弱めるための報道しかしていません。

しかし、インターネット上のサイトでは、真実を伝え、真に日本の国益を考える記事が多くなってきました。

これを見て、真実を知り、本来の道に目覚める人たちが多数出現してきています。

さらにはＳＮＳで個人が自分の意見を即時発信できるようになったことがとても大きいです。

ある事件が起きた時に、マスコミの見解が全然ピント外れなことはいっぱいあります。さらにはマスコミによって捏造(ねつぞう)された報道や、マスコミの判断で報道されない重要な事件もいっぱいあります。

これらのことに気づいているのは全体の５％くらいの人でしょうか。

しかしこの5%の人がSNSでその事実を発信することにより、残りの人々も真実に気づいてしまうわけです。

これは大きいですね。結局マスコミの嘘は即座に見破られ、国民が真実を把握していくのです。

高齢者の方を中心に、新聞・テレビしか情報源のない方がまだいらっしゃいます。これらの方々は真実を知る方法がありませんので、引き続き眠った状態です。

トータルで考えると、目覚めた方々はまだまだ半数にも達していないかな、と思われます。

■激動の時代へ突入

２０２０年は激動の年でした。まだ3か月残っていますが(編注：執筆当時)、それでもここ数十年で最大の事件が頻発した年であると言えると思います。

新型コロナパンデミック騒ぎに始まり、その騒ぎの裏で様々な事柄が起こっていました。

パンデミックの裏で、これまで世界経済システムを操り、世界中の人々を搾取していたディープステートたちが掃討され、世界は新たなシステムの下に生まれ変わります。

この新たな経済システムについては、次の機会に解説していきたいと思います（編注：書籍『ネサラ・ゲサラ（NESARA/GESARA）がもたらす新時代の経済システムとは!?』（ヒカルランド）として刊行されています）。

現在の経済システムが崩壊し、新たなシステムが立ち上げられる過程で、これから様々な事件が起きていくでしょう。

世界中で混乱が起こり、新たな争いが生じてくるかもしれません。

■来る（きた）べき世界における日本の役割

ここで再び日本の出番が来るでしょう。

ディープステート亡き後、世界は大混乱となるでしょ

う。ディープステートがいなくなったとしても、世界にはまだ争いを好み、他者を支配したがる人々が数多く存在しています。

放置しておくと新たな闘争が始まり、他国を次々に支配下に置こうとする国家や、他者を収奪しようとする企業が現れるでしょう。

これを放っておくと、また新たなディープステートが誕生し、結局世界は元の木阿弥という事態になりかねません。

ここで日本の出番です。

日本人は生まれながらに、対等な人間関係の下で助け合う感覚を身につけた人が多いです。

日本国内で他国に先駆けて、個人を基盤とする上下関係のない経済・社会システムを作り上げ、それを他国に広めていけば良いのです。

かつての大東亜共栄圏のように、対等な関係の下で、互いに助け合う外交関係を構築し、それを周りの国々に徐々に広げていきましょう。

新たな世界の新たなルールは、日本が作り出していくのです。

■立ち上がれ、日本!!

これを実現するためには、日本人のみなさん一人一人が目覚める必要があります。

一人一人が、マスコミによって作られたブロックを外し、日本人本来の力を取り戻し、その力を世界に示していかなければなりません。

かつて世界中の植民地を解放して、世界の人々を救ったように、今度は新たなスタイルを世界に広め、再び世界の人たちを救っていこうではありませんか。

立ち上がれ、日本!!

あとがき1

第二次世界大戦ほど、多くの日本人に誤解されている歴史的事象は他にないでしょう。

日本人の多くは、第二次世界大戦で、日本は、軍部の野望に操られ、アジア諸国を侵略し、破壊の限りを尽くしたと思い込まされています。

しかしこれは、日本の行った、真の戦いを隠蔽するための、戦後GHQによる工作に他なりません。

真実が知られてしまうと、それまで欧米諸国が犯した、植民地支配という重大犯罪が、白日の下にさらされてしまうことになるからです。

日本は西洋諸国の植民地支配に対抗し、アジア諸国を植民地から解放し、対等の立場でともに発展していくことを画策し、大東亜共栄圏の理想を掲げて西洋諸国と戦いました。

東南アジア諸国はこの理想を理解し、共鳴したうえで、日本とともに立ち上がったのです。

日本はアメリカに無条件降伏をすることになりましたが、その後アジア・アフリカ各地で独立戦争が発生し、植民地は次々と独立、20世紀の終わりの時点で、本来の日本の戦争目的である植民地の解放は、完全に達成されました。

日本は本国が降伏しましたが、戦争目的を達成し、第二次世界大戦に勝利を収めたのです。

この事実を知ることによって、日本人に巣くう戦争の呪縛は解除され、日本は立ち上がることができるでしょう。

一刻も早く、すべての日本人が、真実を知ることを、願ってやみません。

２０２１年２月28日

笹原　俊

第二次世界大戦の真実
書き下ろし追加版

あっと驚くこの戦争の舞台裏
——日本DSの所業を暴く！

■昭和初期の日本の状況

以上で述べたように、第二次世界大戦は、欧米諸国の全世界植民地化の動きに、日本が対抗して、植民地の解放を企図して行った戦争であり、結局日本は１９９４年までに全世界の植民地を解放し、戦争目的を達して、第二次世界大戦に勝利した、ということができます。

しかし、これが今に至るまで一般に認識されていないのは、戦後ＧＨＱが行った、マスコミによる洗脳活動もさることながら、第二次世界大戦自体が、日本国内で各種の思惑が入り乱れる、大変複雑な構造だったということに原因があります。

それでは、これらの現象がなぜ起こったのかという理由を含めて、第二次世界大戦前後の日本の行動の裏側の事情について考えてみましょう。

昭和初期の日本には、大きく分けて３つの勢力が存在していました。私はこの３つを、民衆派と、日本ＤＳ、およびグローバルＤＳと呼んでいます。

ＤＳというのは、ディープステートの略です。これは太古の昔から、２０２０年ごろまで、地上を陰ながら支配していた「支配者」のグループです。

ＤＳは、世界各国を裏から操り、世界規模でつながっていたのですが、その中にもいくつかの派閥が存在し、常に勢力争いを繰り広げていました。

日本は明治維新で、ＤＳによるクーデターが発生し、長州の李家を中心とするグループが支配権を獲得しました。これが日本ＤＳです。

また世界規模で見ると、ユダヤ人の金融資本家を中心としたグローバルＤＳと呼ばれるグループが主導権を握り、これが常に日本の支配を狙っていました。

もちろんグローバルＤＳの中にも数多くの派閥が存在しますが、それはここでは省略します。日本ＤＳ内部にも、大きく２つの派閥がありますが、１９４５年までは、この２つはおおむね共闘しています。

グローバルＤＳによる、全世界植民地化の動きが、19世紀半ばの時点で東アジアに到達し、中国がグローバルＤＳ諸国によって分割されてしまっていたのは、本文で述べた通りです。

日本は幕末から明治維新にかけてこの動きに強く抵抗し、植民地化を免れることができました。

これは民衆にとっては、グローバルＤＳの支配を免れた、ということですが、同時に明治維新で日本国内の主導権を獲得した日本ＤＳにとっては、ＤＳ同士の派閥争いに勝利し、日本を縄張りとして確保した、ということでした。

昭和初期において、日本国民は、このグローバルＤＳの全世界植民地化の動きを正確に把握していました。これは当時のマスコミが、これを報道していたことが大きく影響していました。

当時の日本では、グローバルＤＳは、「ユダヤ金融資本」と呼ばれていました。

マスコミ（まだテレビは存在していませんので、新聞とラジオですが）は、「ユダヤ金融資本の野望」について連日報道し、他のアジア諸国が植民地とされ、ひどい収奪を受けているようすを民衆に知らせていました。

主婦同士の井戸端会議で「ユダヤ金融資本が……」なんていう話になっていたということです。

■陸軍と海軍

こうした民意に反応して、動いていたのは陸軍でした。陸軍は、日本国民のユダヤ金融資本への嫌悪と、植民地解放の願いを敏感に察知し、それに基づいて軍事作戦を展開しました。マスコミもこれを後押ししました。

一方で海軍は、日本ＤＳと結びつき、日本の支配者の思惑に基づいて動いていました。

これには、海軍が艦船や航空機を配備するためには、陸軍と比較して、多くの予算と高度な技術が必要であり、それらを獲得するためには、日本を実質的に動かしている勢力と結びついて、その援助を受けることが必要不可欠であったという事実が背景にあります。

天皇は、歴史的には、民衆の意を汲んでそれを体現する存在でしたが、明治維新の時の天皇すり替えによって、日本ＤＳの支配下にあり、言うことを聞かせられていた状態でした。

これについては、また別の機会に詳しくお話ししたいと思います。

■言うことを聞かない陸軍

この陸軍と海軍の考え方の違いは、日本の運命に決定的な影を落としました。

たとえばシベリア出兵の際も、占領後に日本政府から撤退命令が出たにもかかわらず、陸軍はそれを無視してさらなる進攻を行いました。

日中戦争の際も、盧溝橋事件を自作自演し、中国本土に進攻したのち、日本政府からの度重なる進軍停止命令をすべて無視して、当時の中華民国の首都である南京まで進攻し、これを占領しました。

陸軍は、日本DSの政府の命令よりも、国民の民意に従って行動していた

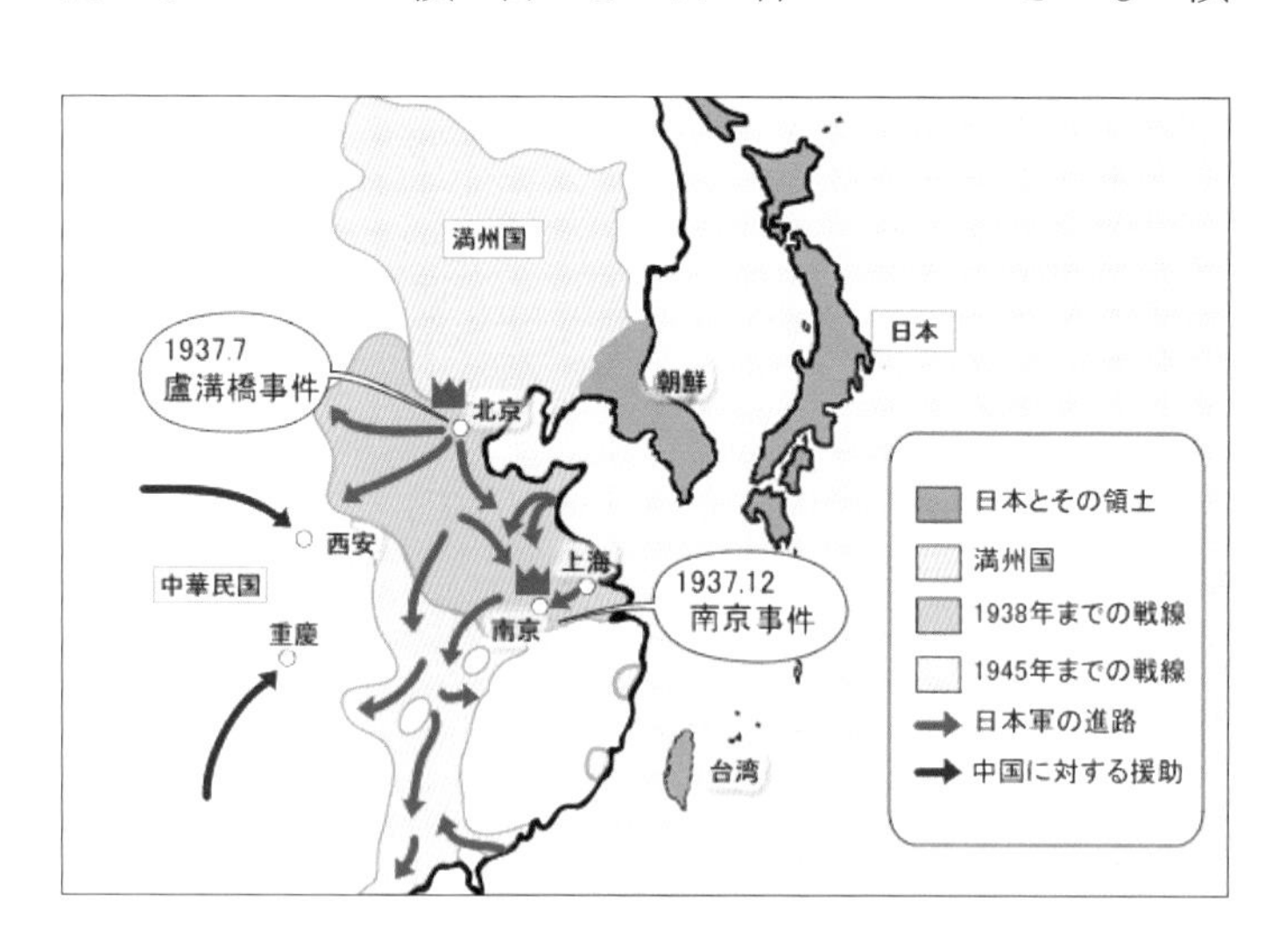

結果が、このような現象を生んだといえます。マスコミは、陸軍の進攻を連日称え続けました。

もちろん陸軍は天皇陛下には服従していますので、天皇が進撃停止を命じたら進撃を停止していたでしょう。

しかし天皇は、もともと民衆派であった期間が長いため、日本ＤＳの影響を受けていたとしても民意を無視することはできず、陸軍の進撃の間沈黙を守ることとなり、事実上の追認を行いました。

■同時に行われた２つの戦争

日本にとっての第二次世界大戦は、まったく別の目的で遂行された２つの戦争が、同時に行われていたと見ることができます。

一つは、１９４１年の12月8日から、１９４５年の対米降伏まで行われた戦争で、これは主に海軍とその背後にいる日本ＤＳの都合で遂行された戦争です。

この戦争を、私は「太平洋戦争」と呼んでいます。

この戦争が始まったそもそもの原因は、アメリカが対日石油輸出の停止を通告したことです。

石油が入ってこなくなれば、艦船や航空機は全く使えなくなります。海軍の機能が停止してしまいますので、海軍にとってとても困ったことになります。

海軍はとにかく早期開戦し、当時備蓄されていた1年分弱の石油を使って初戦に勝利し、インドネシアの石油を確保して、できるだけ早くアメリカと講和を結ぼうとしたわけです。

一方で、陸軍が行った戦争は、１９３７年の日中戦争開始、ないしはそれ以前の満州国の建国あたりから始まり、１９４５年の対米降伏後も続行され、１９９４年に至るまで続いた、植民地の解放戦争です。

私はこの戦争を、「大東亜戦争」と呼んでいます。

この２つの戦争は、一時期、同時に遂行されていました。

そのためとても紛らわしいのですが、この２つを厳格に区別しないことには、当時の日本が、何のために命を懸けて戦争を行ったのかが、まったく理解できなくなってしまいます。

この２つの戦争は、戦争目的自体がそもそも全然違います。

陸軍が遂行した「大東亜戦争」の目的は、植民地の解放でした。

当時はアジア・アフリカ諸国のほとんどが、欧米諸国（ＤＳローマ）の植民地となっており、厳しい収奪にあえいでいました。

陸軍は、これらの植民地を欧米から解放し、独立させることを目的に戦争を遂行していました。もちろんその背景には、国内マスコミを含む、日本の一般民衆の支持がありました。

海軍が遂行した「太平洋戦争」の目的は、対米勝利です。

これは、日本ＤＳが縄張りにしていた日本という国が、欧米諸国（ＤＳローマ）に食い荒らされそうになったので、これを防止し、縄張りを確保して、あわよくばアジアに広がっていたＤＳローマの縄張りをも獲得しようという試みです。

もちろん陸軍も海軍も、お互いの思惑を侵害することはないようにしていたので、陸軍も海軍の目的である対米勝利には協力し、海軍も陸軍の目的である植民地解放に協力していました。

はじめのころはこの協力関係はうまくいっていました。

対米開戦前の満州国建国から日中戦争に至る、陸軍の命令無視の進撃に対して、海軍は目をつぶり、表立って文句を言うことはありませんでした。

開戦後も、陸軍は対米戦争に全面的に協力し、海軍も、初戦の勝利によって占領した東南アジア諸国を、欧米からの植民地解放として扱い、併合して日本国内と同様の待遇を与えることに同意していました。

■515事件と226事件

しかし、表面上の平穏さとは裏腹に、陸軍および海軍の内部では、お互いの思惑の違いによるお互いへの不満がくすぶっていました。

それが表面に噴出したのが、1932年に起きた515事件と、1936年に起きた226事件です。

1932年は、3月1日に、満州国が成立しています。

これは陸軍が目指す、中国解放への大きな一歩であり、これによって日本国内において陸軍及び民衆派の立場が大きく向上しました。

これは海軍とその背後にいる日本ＤＳにとっては、面白くない事態です。

その直後の、５月15日、５１５事件が勃発します。

これは海軍将校によるクーデターです。これによって、民衆派の犬養毅首相が暗殺され、民衆派に傾いていた日本国内の力関係が、大きく日本ＤＳへと揺り戻されます。

この動きに不満を抱いた陸軍は、４年後の１９３６年２月26日に２２６事件を起こします。

これは陸軍将校によるクーデターです。これによって高橋是清大蔵大臣など、日本ＤＳの重鎮たちが死亡します。

しかし、クーデター自体は、昭和天皇の詔（みことのり）により、実行部隊の陸軍将校が反乱軍とみなされ、あっさり鎮圧されました。

結局226事件は失敗に終わり、国内では民意に反して、海軍を主体とする日本DSの力が優勢のまま固定され、また天皇がどちらかというと海軍寄りのスタンスをとるようになりました。

この後海軍によって、1941年12月8日の真珠湾攻撃が行われ、日本は対米開戦することになります。

■対米講和の失敗

太平洋戦争は、海軍の都合によって引き起こされた戦争です。

日本は開戦直前に、アメリカから、対日石油輸出の停止を通告されていました。

当時の日本は、石油の精製をすべてアメリカに頼っていましたので、アメリカから石油が入らなくなるということは、新たに石油を手に入れることが全くできなくなることを意味していました。

石油がなくなれば、海軍の艦艇は使用不能になってしまいます。

当時はまだ1年分の石油が日本国内に備蓄されていましたので、海軍はこれを使って乾坤一擲の勝負に出たというわけです。

しかしこのタイミングの開戦は、陸軍にとってはとても困った問題でした。

陸軍が遂行していた日中戦争は泥沼化しており、太平洋戦争によって、東南アジア方面にも兵を送らなくてはならなくなることは、陸軍にとってはあまりやりたくないことでした。

しかし日本国と天皇陛下の方針に表立って異を唱えるわけにもいかないので、陸軍は文句を言わず、泥沼の戦闘が続く中国から、東南アジア方面に兵を送り続けました。

はじめの1年は、太平洋戦争は日本軍の優勢で推移しましたので、陸軍と海軍の間の確執は表面化することなく、共同作戦が続いていきました。

最初に陸海軍の立場の違いが表面化したのは、対米講和問題です。

海軍は、石油の都合で開戦しなければなりませんでしたが、戦闘が長引くと、アメリカに押し返されることがわかっていました。

つまり、優勢に戦いを進めているうちに、さっさとアメリカと講和してしまいたかったわけです。

というわけで、１９４２年夏ごろから、早くも対米講和の交渉に入ろうとします。

しかし陸軍はこれに強硬に反対しました。

陸軍の目的は植民地の解放です。ここで講和して戦争を終わらせてしまったら、まだ解放の終わっていないアジア・アフリカ諸国がそのまま植民地として残ってしまいます。

日本国内の一般の国民の論調も、ここで戦争を止める手はない、ということで一致していました。マスコミも連日、戦勝を報じるとともに、戦争の継続を主張します。

結局海軍は、世論に引きずられる形で、そのまま戦争を継続してしまいます。

しかし結果は当初の予想通り、海軍はアメリカの反攻を受けて敗戦を重ねることとなります。

1942年6月5日～7日のミッドウェー海戦において、主力空母4隻を失ってから、アメリカ軍に押し戻され、フィリピン、グアムまで奪還されて、日本本土が毎日空襲を受けるようになってしまいます。

国民に対しては、大本営発表としてアメリカに勝利を続けているとの報道がなされていましたが、陸海軍の上層部は真の戦況を知っており、頭を抱えることとなってしまいました。

■本土決戦準備

これを見て、陸海軍の上層部は、ひそかに本土決戦の準備を着々と進めていました。

といっても、すべての艦船・航空機を失っていた海軍は、人員を貸すぐらいしかやることがなく、本土決戦の準備は、主に陸軍の手によって行われました。

陸軍は、長野県松代の地下に、岐阜県へとまたがる広大な地下壕を掘り、そこに東京の首都機能をそっくり丸ごと移転する計画を立てたのです。

皇居や国会議事堂、政府機関や、陸海軍の本部をすべて地下に移転し、さらには３００万もの国民を地下に避難させてそこで生産活動を行う計画です。

この地下壕は１９４５年の時点ですでに完成しており、今は観光地として見学が可能です。

さらには、陸海軍の人員を統合し、総軍と呼ばれる本土防衛軍が形成されました。

総軍は2つあり、第一総軍は横須賀に置かれ、東日本の防衛を担当し、第二総軍は広島に置かれ、西日本の防衛を担当しました。

国民にも、防空壕を掘らせ、竹やりを装備させ、上陸してきた米軍と気合で

松代象山地下壕鳥瞰図
入口

戦闘させるという計画だったようです。

■陸軍残存部隊と残置諜者の設置

さらには陸軍は、米軍によって再占領された地域に部隊を残存させる作戦をとりました。

インドネシアには3000人、ベトナムにも2000人、ビルマ（ミャンマー）やフィリピンにも2～3000人規模の部隊を残存させ、散開させて現地の人たちに紛れてともに生活させました。

これは本土決戦になった時、現地で独立運動を立ち上げ、それを指揮して後方をかく乱する目的でした。

さらには、残存部隊の中核となり、現地で諜報活動を行って、独立運動を工作させるためのスパイを送り込みました。彼らは残置諜者と呼ばれています。

陸軍には、東京中野に、陸軍中野学校と呼ばれるスパイ養成機関がありました。ここで訓練を受けた腕利きのスパイたちが、アジア各国に送り込まれたのです。

ただし、通常のスパイと異なり、陸軍の残置諜者たちは、日本が本土決戦

にもつれ込み、ひいては米軍に占領されてしまうことを前提に、訓練されていました。

現地の言葉や風俗を完璧に学習し、現地人の名を名乗り、現地で職業を持って現地人として生活しながら、情報を収集し、蜂起のチャンスを待つというのが彼らの任務です。

最初から本国に帰ることを考えていない過酷な任務だと言えます。

■陸軍の思惑

陸海両軍の行動を見る限り、海軍は米軍と正面からぶつかって勝利することを考えていたのに対して、陸軍は、アメリカとまともに戦っても勝てないだろうと踏んでいたことがわかります。

松代象山地下壕の作成には4～5年の歳月がかかっており、陸軍中野学校の残置諜者養成にも4～5年の歳月がかかります。

陸軍はどうやら対米開戦前から、本土決戦になること、ややもすればアメリカに本土を占領されてしまうかもしれないことを計算に入れて動いていたようです。

1945年に入って、この陸軍の予測は現実のものとなり、実際に本土決戦の時が迫っていました。

この時点での陸軍の思惑は、以下のようなものであったと考えられます。

アメリカが日本本土に上陸し、本土決戦になったとしても、日本はそう簡単には降伏しないだろう。首都機能を地下に移し、空襲を防ぎつつ、ゲリラ戦に持ち込めば、少なくとも1年、うまくいけば2～3年は持ちこたえることができるだろう。

その間に、各地の残置諜者が独立運動を行い、各植民地が、残存部隊と現地の住民で宗主国に対して独立戦争を仕掛けるだろう。

うまくいけば各国は独立し、植民地の解放が達成される。

うまくいかなくても、アメリカは各国の独立運動の鎮圧のために、日本にいる軍を動かさなくてはならないだろう。

その時、本土に残った総軍と、地下の親衛軍で攻撃を仕掛ければ、勝機はある。

うまくいけば、すべての植民地を独立させたうえで、本土も奪還できるはずだ。

ということです。

これは建武の新政の時の楠木正成をモデルにした作戦と言えます。

楠木正成は、当時の国家神道による皇国史観において、歴史上最大の忠臣とされていた武将です。

後醍醐天皇は、1331年、武士の手に渡った実権を天皇のもとに取り戻すべく、鎌倉幕府に対して挙兵します。

しかし、強大な幕府軍にあっさり鎮圧され、捕らえられて隠岐の島に流されてしまいます。

この間も、「悪党」と呼ばれた反幕勢力が各地で挙兵し、反幕運動を展開します。この中の一人が楠木正成です。

他の挙兵勢力が次々と幕府軍に鎮圧されていく中、1333年2月楠木正成は、河内の国（大阪）の千早城に300騎でこもり、30万の幕府軍を迎え撃ちました。

あっさり落ちるだろうという大方の予想に反して、正成は粘りに粘りました。

石垣を上ってくる幕府軍へ、上から石を落とし、熱湯をかけ、投石器で攻撃し……なんと3か月以上粘ったのです。

これを見た各地の有力武将たちは「幕府軍弱いな」と考え、各地で武装蜂起が始まりました。

足利尊氏、新田義貞らの有力武将が次々と蜂起し、その後、5月7日には足利尊氏が京都の六波羅探題を攻め落とし、京都から幕府勢力を一掃しました。

これを見た幕府軍は千早城の囲みを解き、5月10日、正成軍は勝利を収めます。

さらには5月22日には、新田義貞が鎌倉に攻め込み、鎌倉幕府は滅亡します。

こうして後醍醐天皇は実権を掌握し、建武の新政が始まりました。

この話の千早城を日本本土、足利尊氏や新田義貞の蜂起が各植民地軍の反乱、幕府軍がアメリカ、と考えると、ちょうどぴったり当時の陸軍の思惑が再現できると思います。

■海軍の焦り

本土決戦の作戦が御前会議で発表されるまで、海軍は陸軍が準備してきたことを知らなかったと思われます。

当時は「陸軍が海軍の、海軍が陸軍の情報を得るのは、敵国の情報を得るより難しい」と言われるほど、陸海軍の間で意思の疎通はなされていませんでした。

松代象山地下壕のことを知った海軍は絶叫したことでしょう。陸軍のやつ、こんなもん作ってやがったのか〜、なんて感じだったと思います。

もしもこの陸軍の作戦が実行されていれば、後醍醐天皇が鎌倉幕府を滅ぼしたように、日本が最終的にアメリカに勝利し、すべての植民地が解放される展開がありえたかもしれません。

日本国および日本国民にとって、これは理想的な展開となったことでしょう。

しかしそれが実現して困る勢力が存在します。海軍とその背後にいる日本DSです。

沖縄特攻の時点で、海軍はすべての艦船・航空機を失っていますので、本土決戦においては何の活躍もできません。海兵を陸軍に提供したくらいでしょうか。

もしもこの計画が成功し、日本がアメリカに勝利して植民地の解放に成功したら、その功績はすべて陸軍のものになってしまうことは明らかです。

海軍にとって、これは最悪の事態です。

また海軍の背後にいる日本ＤＳにとっては、もっと困ったことになります。

対米勝利後の日本では、陸軍とその支持勢力たる民衆派が支配権を握ることは明らかであり、日本ＤＳは、明治維新以降の日本国内の支配力および利権をすべて失うことになってしまうでしょう。

みなさんすでにご存じのように、ＤＳの発想としては、国民が何人死のうが苦しもうが知ったことではありません。ただ、自分たちの地位と支配権、利権とお金が維持できればそれでいいのです。

陸軍による対米勝利と植民地の解放は、日本ＤＳからすべての地位と支配権、利権とお金を奪い去っていくことでしょう。絶対に許すことはできない、彼らはそう考えました。

そして海軍および日本ＤＳは、とんでもないプランを考え、それを実行したのです。

■原爆の地上起爆

それが１９４５年８月６日の広島、８月９日の長崎における原爆投下（？）です。

え？　原爆って、アメリカのＢ29が空から投下したんじゃなかったっけ？

という方。

アメリカ軍は実は何もやっておりません。原爆を用いて広島・長崎を焼き払ったのは、海軍＋日本ＤＳおよび、それを許可した昭和天皇と言われています。

この真実を、一つ一つ検証していってみましょう。

■Ｂ29は飛んでいない

まずは、８月６日の朝、広島上空にはたしてＢ29が飛来していたのかという問題です。

これについては、当時の海軍航空隊少尉の本田稔氏の証言が上がっています。

本田氏は、８月６日朝、姫路市の川西航空機の工場で、できたばかりの真新しい「紫電改」に搭乗し、長崎県の海軍大村基地に向けて飛び立ちました。

その途中、広島上空に差し掛かったところで、本田氏は、原爆によって広島の街が消滅する瞬間を目撃することとなります。

動画を見ていただけるとわかると思いますが、原爆爆発時間の８時13分に紫電改で広島上空５０００メートルを飛んでいた本田氏は、Ｂ29の影も形も見ていないということです。

https://www.nicovideo.jp/watch/sm37215793

さらに本田氏は、爆風と閃光は下から来たのであり、まるで地上で爆発したかのようだったと述べています。

また、原爆投下を扱った『はだしのゲン』という漫画があるのは、みなさんご存じだと思います。

この漫画の著者の中沢啓治氏は、現地に足を運び、丹念に証言をとって、それを漫画に生かしています。

この漫画には、8月6日の朝、広島上空に一機の飛行機が飛んでおり、それが一本の飛行機雲を残していたことが描かれています（下図版）。

しかしB29は、4基のエンジンを搭載しており、もしもB29ならば、飛行機雲が4本になるはずです。

中沢啓治『はだしのゲン』（中央公論新社）

この1本の飛行機雲を残して飛ぶ飛行機は、B29ではなく、先の動画の本田氏の操縦する紫電改だと思われます。

前ページの漫画の通り、空襲警報が鳴らなかったのは、これが海軍の紫電改であり、味方の航空機であったからでしょう。

■塀についた影の向き

原爆投下後に、広島・長崎市内の塀に人間の形の影がくっきり残っていたことは、ご存じの方も多いと思います。

これは原爆の閃光が、塀の前に立っていた人間にさえぎられて、ついたものです。

下の写真をご覧ください。何かおかしいと思いませんか？

なんで塀に残った子供の影に、子供の全身が映っているのでしょうか。

もしも原爆が、オフィシャル情報通り、アメリカ軍のＢ29によって投下され、地上６００メートルの地点で爆発したのなら、原爆の閃光は上から下に射すはずです。

その場合は、子供の影は、地面につくのではないでしょうか。塀につくとしても、地面から伸びた影の頭の部分だけとかになるはず

です。

しかし、この塀の影は、子供の全身がはっきり映っています。まるで原爆の閃光が真横から来たかのように……。

そうです。原爆の閃光は、上空６００メートルからではなく、真横から射していたのです。

これは原爆が、上空から投下されたのではなく、地上に設置されて爆発していたことを意味します。

■きのこ雲の形状

あらためて、原爆投下時のきのこ雲の形状を見てください。

前ページの上段は広島の原爆のきのこ雲です。有名な写真ですが、これもおかしな点があります。

上空６００メートルで爆発したはずの原爆のきのこ雲が、なぜこの形状になるのでしょうか。もしも上空で爆発していたなら、雲の形状は花火のような球形になるはずです。

そうではなく、この形になるというのは、地上で爆発し、爆炎が上空に上がったからです。

下段の長崎の原爆のほうは、もっとはっきりわかります。

明らかにおかしいですね。なんできのこ雲が２つのパーツに分かれているのでしょうか。

下のパーツの黒いきのこ雲がほぼ直線的に伸びて円柱状になっています。何の制約もない上空で爆発したら、こんなことはありえません。

長崎の原爆の被害は、原爆の威力に対してとても限定的な地域にのみ及んだのは有名です。それは長崎の街が周りを３００メートル級の山々で囲まれていたからだそうです。

おかしいですね。上空６００メートルで爆発したなら、３００メートル級の山は障害にならず、被害はもっと広範囲に及んだはずです。

しかし原爆が地上で起爆したとするなら、爆風が３００メートル級の山で妨げられたという説明もよくわかります。

さらにこのきのこ雲の形状です。下の部分の円柱状のきのこ雲は、地上起爆後に周りの山々で煙がせき止められて円柱状に上っていったと考えると辻褄が合いますね。

そういえば、福島第一原発の3号炉を爆破した時の小型原爆も、こんな形をしていましたね。

■実際の爆破地点は？

それでは広島の原爆は、実際にはどこで爆発したのでしょうか。

いろいろな情報を総合してみると、どうやら爆発地点は原爆ドーム（当時は広島県産業奨励館）の真横、元安川の川面で爆発したようです。

当時の下の写真を見ると、原爆ドームから見て少し左の地点で元安川がえぐれてクレーター状になっているのがわかりますね。

■原爆はどこから来た

この原爆は海軍のF研究によって開発された日本製の原爆で、開発者は湯川秀樹、原爆の特許は昭和天皇が保有していると言われています。

湯川秀樹は、原爆開発の功績により、戦後、全く別の業績を名目に、日本人初のノ

ーベル賞を受賞しています。

それ以前から原爆の開発は、各国がしのぎを削っていました。有名な米国のマンハッタン計画以外にも、イギリスのチューブ・アロイズ計画、日本陸軍の二号研究、などが存在します。

当時これらの研究機関がほぼ同時に原爆の開発に成功し、あとはどこに使うか、という問題になっていました。

しかし当時の原爆はサイズが大きく、とても航空機で運べる代物ではなく、

各国とも使用方法に苦慮していました。

アメリカ軍のB29による原爆投下というのは、原爆のサイズ的にも無理な話だったのです。

しかし、自国に対して、それも地上に設置して使う分には、十分使用可能です。

海軍が開発した原爆は、船に積まれ、元安川を下り、原爆ドームの真横で爆発した、というわけです。

■地上起爆の背景

海軍がこのような暴挙を行った背景には、すでに述べた通り、陸軍の計画が成功すれば手柄はすべて陸軍のものとなり、終戦後の日本において、海軍およびその背後にいる日本ＤＳの影響力が落ちてしまうという焦りがありました。

海軍は、連合艦隊壊滅の報告とともに、これ以上アメリカと（日本海軍が）戦う能力がないこと、日本国民を止めるには、衝撃的な事件が必要なことを説き、核兵器の特許を持つ昭和天皇を説得し、天皇の支持を得て、原爆地上起爆に踏み切ったものと思われます。

陸軍は海軍が何らかの形で対米降伏に踏み切ろうとしている動きを察知し、第2総軍を広島に集結させて海軍をけん制しました。

8月6日の1発目の原爆の対象地が広島となったのは、この陸軍を主体とする広島に集結した第2総軍を消滅させるためです。

原爆によって、第2総軍30万人が壊滅したので、その後の海軍の対米降伏工作がスムーズに進行し、8月15日の玉音放送、9月2日の降伏文書調印まであっという間にこぎつけたというわけです。

また8月9日の2発目の原爆の対象地が長崎となったのは、グラバー邸などの、グローバルDSの拠点を吹き飛ばすためと思われます。

海軍および日本DSは、対米降伏後の日本におけるグローバルDSとの勢力争いを、すでに視野に入れていたということです。

かくして海軍の手によって、2発の原爆の地上起爆が行われ、国民は衝撃を受けて降伏を受け入れ、ついでに陸軍およびグローバルDSの拠点を破壊して、海軍および日本DSは対米降伏後の日本国内における主導権の確保に成功したというわけです。

■極東国際軍事裁判の欺瞞

その後、１９４６年5月3日から、極東国際軍事裁判が開かれました。

この裁判で、A級戦犯7人、BC級戦犯53人、合計60人が、戦争犯罪人として処刑されました。

これはもちろん、アメリカとその背後にいるグローバルDSが、日本の行動を悪とし、自分たちを正当化するために行ったものです。

しかしこの裁判には、もう一つの目的が隠されていました。

東条英機をはじめとする、処刑された60人は、政府関係者か軍関係者でした。

その軍関係者たちは、すべて陸軍の将校であり、海軍出身者は一人もいなかったのです。

これは、アメリカと海軍の共謀によって行われた裁判であり、陸軍の残党を一掃し、終戦後の日本における海軍出身者および背後にいる日本ＤＳの主導権を確定するための裁判であったと言えます。

この一事を見ても、対米降伏が、海軍によって画策された陰謀であったということがわかると思いま

す。

■戦い続ける陸軍

しかし対米降伏後も、日本陸軍の戦いは終わることはありませんでした。

アジア各地に配置した残留部隊、残置諜者たちが、現地で独立戦争を展開したのです。

たとえば、インドネシア独立戦争では、現地に残った陸軍部隊2000人が、現地軍に合流し、軍事教練を行い、自ら先頭に立って、独立戦争を戦い抜きました。

太平洋戦争初戦の海軍の快進撃、陸軍の突撃作戦を見て、植民地の人たちは、

「アジア人でも白人に勝てる」と励まされ、植民地独立の機運が生まれたことは、本書に書いた通りです。

それに加えて、現地に残った陸軍部隊が現地軍を軍事教練し、戦い方を教え、自身が先頭に立って、宗主国の軍隊と戦ってみせることで、現地軍は強化され、宗主国の軍隊と戦い抜いて、勝利を収めることができたというわけです。

■ベトナム戦争の真実

１９６４〜75年のベトナム戦争に介入し、南ベトナムを支援したアメリカ軍は、北ベトナム軍に敗れ、撤退しました。

この時、アメリカ軍は、ベトコン（北ベトナム軍に指導された南ベトナム解放民族戦線）のゲリラ戦にやられたと言われています。

しかしこの時アメリカ軍が戦っていたのは、ベトナム軍だけではありませんでした。

アジア各地に潜伏した日本陸軍の残置諜者たちがベトナムに集結し、ベトナム軍にゲリラ戦のやり方を教え、自分たちも先頭に立ってアメリカ軍と戦っていたのです。

ベトコンがアメリカ軍と戦った方法は、南洋諸島で日本陸軍がアメリカ軍と戦った方法とだいたい同じです。

アメリカ軍はこの時、大日本帝国陸軍の残党たちと戦っていたのです。

■北朝鮮の建国

残置諜者たちは、各地で目覚ましい活躍を見せていましたが、ついに残置諜者が政権を取り、国家運営を行う国が出現しました。それが北朝鮮です。

北朝鮮に残った残置諜者たちは、着々と対米降伏後の混乱した北朝鮮国内で地歩を固め、1948年、ついに彼らの手による朝鮮民主主義人民共和国の建国に成功しました。

この建国の立役者が、朝鮮民主主義人民共和国の副首相、金策こと、陸軍情報部の情報将校、畑中理（はたなかおさむ）です。

畑中は、かつての陸軍の部下で北朝鮮出身の金日成を、対日戦の英雄に仕立て上げ、ソ連の後ろ盾を得て、金日成を首相とする、朝鮮民主主義人民共和国の建国に成功したのです。

朝鮮民主主義人民共和国の政府は、金日成以外すべて大日本帝国陸軍の将校たちで固められ、対米降伏以前の大日本帝国のシステムをまねて、政治体制が形作られていきました。

彼らはアメリカを敵視し、降伏直後の軍事力を持たない日本本国に代わり、日本の防衛を肩代わりしてくれました。

たとえば１９５０年の朝鮮戦争は、日本本土の防衛のために行われたものです。

当時の大韓民国大統領の李承晩が、竹島に出兵、占領し、その後対馬および九州に進行するべく釜山に軍を集結させたのを見て、北朝鮮は韓国に攻め込んだのです。

李承晩はこれを見て、軍隊を帰還させ、北朝鮮と韓国の泥沼の戦闘が始まりました。

おかげで日本は、対馬や九州を失わずに済んだということです。竹島だけはどさくさに紛れて実効支配されてしまいましたが……。

北朝鮮をめぐるこのあたりの歴史については、私の以下のブログで詳しく解説しています。興味のある方は、ぜひご一読ください。

笹原シュン☆これ今、旬‼「北朝鮮の真実1〜13」
https://shunsasahara.com/archive/category/%E5%8C%97%E6%9C%9D%E9%AE%AE

■日本国内の状況

対米降伏後、日本はアメリカ軍に占領され、焼け野原からの復興が始まりました。この時日本国内で主導権をとったのは、旧海軍出身の政治家、企業経営者と、その背後にいる日本DSです。

というか、主導権をとるために、対米降伏を実行したと言ったほうがいいかもしれません。

51年のサンフランシスコ平和条約による独立回復後も米軍基地は残り、日本は外交権・交戦権を事実上はく奪され、アメリカの属国となりました。

こうして日本はアメリカの許可なしでは何も決められない操り人形になる……はずでした。

しかし戦後しばらくから70年代までの歴代の首相たちは、個人的な政治力でこの状況をしのぎ切り、アメリカの目を盗み、アメリカからの要求をのらりくらりとかわしながら、日本国を経済復興させてしまったのです。

これらを行ったのは、具体的には、46年から72年まで政権を担当した、吉田茂、鳩山一郎、岸信介、池田勇人、佐藤栄作の5人の首相です。

彼らのアクロバット的な個人的政治力によって、日本円、日本語が守られ、日米安全保障条約によって、軍事費をかけずに経済復興を実現し、対米輸出を増大させ、国民の所得を倍増させ、ひいては、日本を占領しているアメリカから、軍事力を用いることなく、沖縄を返還させました。

その後、1989年まで、日本は安定的な経済成長を続け、アメリカに次ぐ世界2位の経済大国となり、占領国アメリカを経済的に脅かす存在にまでなっていくのです。

■日本国内における陸軍の活躍

対米降伏の時点で、陸軍の有力者たちは、一度、日本国内から一掃されました。

しかし陸軍はあきらめたわけではありません。

かつての満州国内には、陸軍情報部による諜報網が、縦横に敷かれていました。

満州国は、名目上は日本とは別の国でしたが、日本が経営権を持っていた南満州鉄道の諜報室に陸軍情報部の将校が集結し、諜報活動&アヘンの密売を行っていました。

また、南満州鉄道の技術部には、陸軍の技術将校が集結し、新兵器の開発を行っていました。表の世界でも、南満州鉄道は当時世界最高速の時速１８０キロメートルで走る蒸気機関車「特急あじあ」を開発し、その技術の高さを内外に示していました。

南満州鉄道の諜報部の陸軍将校たちはひそかに帰国し、広告代理店「電通」の社員となります。

また技術部の将校たちは、北朝鮮に渡り、日本からの資金援助を受けて、核兵器の開発を進めていきます。

電通は当時の社員51人中、吉田秀雄社長を含む実に25人が南満州鉄道出身で、銀座７丁目の電通ビルは「満鉄ビル」と呼ばれていました。

この後電通は、広告代理店業界を席巻し、日本国内のマスコミの支配に成功します。そして１９６５年まで、４代にわたる陸軍情報部出身の社長の下で、各国に潜む残置諜者と連絡を取り、各国の植民地独立戦争を支援するプロパガンダを行っていきます。

こうして、日本本国が対米降伏し、太平洋戦争が終わった後も、陸軍はアジア各地で戦い続け、大東亜戦争が続いていきました。

１９６０年以降、アジア・アフリカで大量の植民地を独立させ、本書で書いた１９９４年のパラオ独立をもって、全世界から植民地が消滅しました。

大東亜戦争は所期の目的を達成してここに終了し、欧米グローバルＤＳ諸国による全世界植民地化の計画は、日本によって打ち砕かれたのです。

さらには降伏したはずの日本本国も見事に復興を遂げ、国力においてヨーロッパ各国を上回り、アメリカまであと一歩というところまで迫りました。

日本国内、国外両面において、日本は第二次世界大戦に、勝利を収めたのです。

あとがき 2

『第二次世界大戦の真実』をお届けしました。

本書の前半は、２０２０年9月に、私のブログ「笹原シュン☆これ今、旬!!」にて連載した記事を収録したものです。

この連載の目的は、自虐史観にさいなまれ、日本がちっぽけな国だと勘違いしている人たち、世界を侵略しようとして討伐された悪の国だと勘違いしている人たちの目を覚ますというものでした。

日本は植民地解放の大義を抱え、欧米諸国全体を敵に回して戦い、それを達成した英雄であること、戦いで散っていった方々は、大義に命をささげた英霊であること、を知っていただきたいと考えたわけです。

本書の最終章は、書き下ろしです。

第二次世界大戦の前後の、日本国内、および世界情勢についての裏事情を解説しています。これは前半部分の種明かしを兼ねています。

全世界を植民地支配しようとしていた闇の勢力の存在とその暗躍、日本国内における植民地解放の動きと、それを阻止しようとする闇との戦い、陸軍・海軍それぞれの思惑と、天皇とのかかわり合い、これらを知ることによって、あの戦争の性格をよりよく把握することができると思います。

この後、日本国内では、1970年前後からグローバルDSの勢力が増大し、81年にはかつての陸軍の拠点だった電通がグローバルDS勢力に乗っ取られ、メディアの報道内容が反日一色となりました。

そして85年の日本航空123便撃墜事件のあとから、日本政府はグローバルDSの言いなりになり、日本の富をグローバルDSに献上する政策が次々にとられることとなります。

このあたりのことは、また別の機会にお話しすることにいたしましょう。

2022年10月19日

笹原 俊

笹原 俊　ささはら しゅん
1966年、埼玉県生まれです。

新卒で不動産会社に就職したのですが、２ケ月後にバブルが崩壊……。

その後、予備校講師や家庭教師をやりながら、ローマ史、古代日本史などの歴史や、経済問題、国際関係などを研究する日々を送っています。

『笹原シュン☆これ今、旬!!』というブログを書いています。

その他、Kindleでの出版、Twitterでのつぶやき、各地で開催するお話会、YouTube、ニコニコ動画などで、日々、この世界の真実を発信しています。

主な著書に『白ウサギを追え！』『ネサラ・ゲサラ（NESARA/GESARA）がもたらす新時代の経済システムとは!?』『マッドフラッド 泥海に沈んだ先進文明タルタリア』（以上、ヒカルランド刊）など。

https://shunsasahara.com/

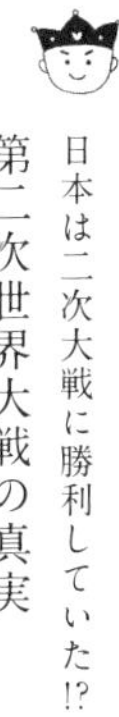

日本は二次大戦に勝利していた!?
第二次世界大戦の真実

第一刷　2023年3月31日

著者　笹原　俊

発行人　石井健資
発行所　株式会社ヒカルランド
〒162-0821　東京都新宿区津久戸町3-11　TH1ビル6F
電話　03-6265-0852　ファックス　03-6265-0853
http://www.hikaruland.co.jp　info@hikaruland.co.jp
振替　00180-8-496587

本文・カバー・製本　中央精版印刷株式会社
DTP　株式会社キャップス
編集担当　YUUKI

ISBN978-4-86742-224-3

ヒカルランド　好評既刊！

地上の星☆ヒカルランド　銀河より届く愛と叡智の宅配便

救世主ウラジーミル・プーチン
ウクライナ戦争とコロナ禍のゾッとする真実
著者：リチャード・コシミズ
四六ソフト　本体 1,800円+税

決して終わらない？　コロナパンデミック未来丸わかり大全
著者：ヴァーノン・コールマン
監修・解説：内海 聡
訳者：田元明日菜
四六ソフト　本体 3,000円+税

日本人だけが知らないロシアvsウクライナの超奥底
プーチンが勝ったら世界はどうなる！？
著者：飛鳥昭雄
四六ソフト　本体 2,000円+税

コロナは、ウイルスは、感染ではなかった！
電磁波（電波曝露）の超不都合な真実
著者：菊川征司
四六ソフト　本体 2,000円+税

ヒカルランド　好評既刊！

地上の星☆ヒカルランド　銀河より届く愛と叡智の宅配便

世界の衝撃的な真実［闇側の狂気］
この真実があなたを変える
著者：佐野美代子
四六ソフト　本体 1,600円+税

世界の衝撃的な真実［光側の希望］
この真実があなたを変える
著者：佐野美代子
四六ソフト　本体 1,600円+税

偽の神との訣別［上］
著者：ジョン・ラム・ラッシュ
訳者：Nogi
四六ソフト　本体 3,000円+税

偽の神との訣別［下］
著者：ジョン・ラム・ラッシュ
訳者：Nogi
四六ソフト　本体 3,000円+税